Viel Glück!
Erstorientierungs-Deutschkurs
in Deutsch, Englisch und Arabisch

Das seit Jahren erprobte Lehrwerk möchte Menschen aus dem Ausland in möglichst kurzer Zeit befähigen, Alltagssituationen auf Deutsch bewältigen zu können.

In 21 Lerneinheiten bearbeitet das Basis-Lehrbuch verschiedene Themenschwerpunkte wie Begrüßung, Vorstellung, Alphabet, Zahlen, Herkunft, Adresse, Wohnen, Familie, Berufe, Berufsalltag, Tagesablauf, Freizeit, Einkaufen, Essen und Trinken, Körper und Krankheiten, Kleidung, Wegbeschreibung u.a.

Der Vorteil und das Besondere dieses Lehrbuches ist seine Dreisprachigkeit!

Die deutschen Texte sind jeweils ins Arabische und Englische übersetzt. Dadurch wird das Lernen erleichtert, die Bedeutung der deutschen Wörter eindeutig erschlossen und somit die Hemmschwelle vor dem „Unbekannten" verringert.
Die in sich abgeschlossenen Kapitel sind so konzipiert, dass ein Kurs-Einstieg jederzeit auch ohne Vorkenntnisse möglich ist.

Mit **kostenlosen Audio-Downloads** per QRCode können Hören und Aussprache trainiert werden. (Siehe auch ausführlichen Hinweis zur Nutzung des QRCodes auf der Seite 2!)

Eine Anleitung zum Schreiben des lateinischen Alphabets, eine Kurzgrammatik sowie eine alphabetische Worteliste komplettieren den Kurs.

Mit dem Basis-Lehrbuch können auch ehrenamtliche Lehrkräfte problemlos erste Deutsch-Kenntnisse vermitteln. Es eignet sich sowohl für den **Einsatz in Kursen** als auch **zum Selbststudium.**

Viel Glück!

Inhaltsverzeichnis:

Werner Pfeiffer

Viel Glück!
Anfänger-Deutschkurs
in Deutsch, Englisch und Arabisch

Sprachfassungen erhältlich auch in den Sprachen Bangla, Chinesisch, Farsi, Französisch, Griechisch, Indonesisch, Italienisch, Kurdisch (Kurmandschi und Sorani), Polnisch, Portugiesisch, Russisch, Spanisch, Thailändisch, Tigrinya, Türkisch, Urdu und Ukrainisch.

8. Auflage 2023

© *2016*   *edition hellweg*
E-Mail: info@edition-hellweg.de

Quellenverzeichnis:
Wir bedanken uns für die Grafiken auf den Seiten 6, 15, 19, 26 bei www.freepik.com, für alle anderen Grafiken bei www.pixabay.com , Titelbild: © fotolia/D. Ernst

Verlag: edition hellweg, Werl
Herstellung: Books on Demand GmbH, Norderstedt

edition
hellweg

Die Deutsche Nationalbibliothek verzeichnet diese Publikation in der Deutschen Nationalbibliografie; detaillierte bibliografische Daten sind im Internet über dnb.d-nb.de abrufbar.

ISBN: 978-3-9810470-3-5

Wie kann ich den deutschen Text per QR-Code hören?
Auf vielen Seiten ist ein QR Code gedruckt. Um den Code zu aktivieren,

- stellen Sie mit dem Smartphone eine Internetverbindung her (z.B. WLAN)
- suchen Sie dann mit „Google": **"qr code reader kostenlos"**. Es werden sogenannte Apps angezeigt, von denen man sich eine kostenlose App auf das Smartphone lädt und installiert.
- Ein anderer Weg: man geht im Smartphone auf das Symbol "store". Dort gibt man **"qr code reader kostenlos"** ein und erhält Angebote von QR Code Readern angezeigt, von denen man sich eine kostenlose App herunterlädt und auf dem Smartphone installiert.
- Danach öffnen Sie den auf dem Smartphone installierten „QR Code Reader", halten ihn über den Code auf der entsprechenden Seite und hören dann den deutschen Text.

Wenn Sie den Code auf der Cover-Rückseite aktivieren, können Sie sich alle 39 Hörsequenzen auswählen und anhören.

Begrüßung

- **Guten Tag! Wie heißen Sie?**

- **Ich heiße Ali Arslan**.

- **Guten Morgen! Wie heißt du?**

- **Ich heiße Peter.**

- **Guten Abend! Ich heiße Anna Meier und Sie?**

- **Mein Name ist Galina Kosloff.**

- نهارك سعيد، ما هو اسمك؟
  Hello! What's your name?

- أنا اسمي علي أرسلان.
  My name is Ali Arslan.

- صباح الخير، ما هو اسمك؟
  Good morning! What's your name?

- أنا اسمي بيتر.
  My name is Peter.

- مساء الخير، أنا اسمي أنّا ماير وأنتِ؟
  Good evening! My name is Anna Meier.
  What's your name?

- أسمي جالينا كوسلوف.
  My name is Galina Kosloff

Guten Morgen!	Ich heiße	*Wie* heißen Sie?
Guten Tag!	Mein Name ist	Wie heißt du?
Guten Abend!		

Ergänzen Sie: *Abend – heißen – heiße – heißt - Name*

Guten ________________!   Wie _______________ Sie?

Ich _____________   Wie __________________du?

Mein Na__________ ist

Schreiben Sie: *Guten – heißt? – Morgen ! – Wie – du*

Guten___________   Wie _____________ _________?

Guten – Ich – heiße – Abend! – und Sie? – Anna Meier

Guten _________ Ich __________ Anna Meier_________ ____________?

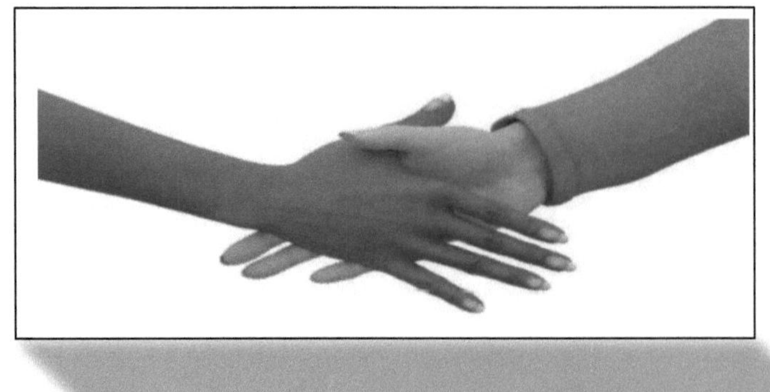

- **Guten Tag, Frau Schulte!**

  هارِكِ سعيد، سيدة شولته.
  Hello, Mrs.Schulte.

- **Guten Tag, Herr Meier. Wie geht es Ihnen?**

  نهارَكَ سعيد، سيد مايِر، كيف حالك؟
  Hello Mr. Meier. How are you?

- **Danke, gut und Ihnen?**

  شكراً، أنا بخير وأنتِ؟
  Fine, thank you. And you?

- **Ganz gut, danke.**

  جيد جداً، شكراً.
  Very well, thank you.

- **Auf Wiedersehen, Herr Meier.**

  مع السلامة، سيد مايِر.
  Goodbye, Mr. Meier.

- **Auf Wiedersehen, Frau Schulte. Bis später.**

  مع السلامة، سيدة شولته. أراكي لاحقاً.
  Goodbye, Mrs.Schulte. See you later.

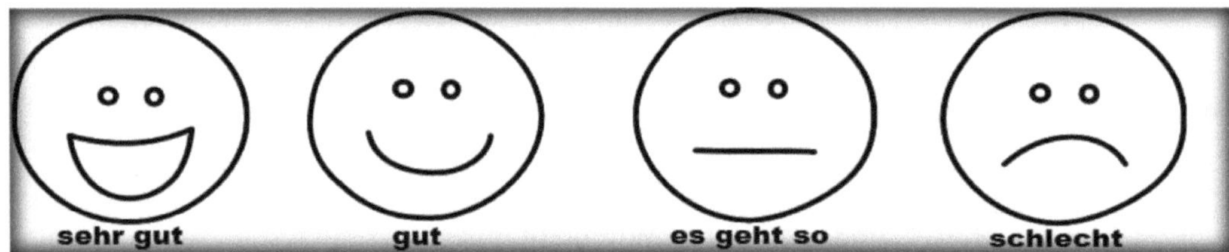

Wie geht es Ihnen?	Danke, gut	Auf Wiedersehen.
	ganz gut	Bis später

Ergänzen Sie:

Wie _______________ es Ihnen?   Danke, _______________und Ihnen?

_________gut, danke.   Auf _______________________ Frau Schulte. Bis _______

Schreiben Sie: Wie – Ihnen? – es – geht – gut – ganz – Danke, Wiedersehen. – Auf – später. –Bis

Wie _________ es _________? Danke,________ _______. Auf ___________________ . Bis _________ .

- **Hallo! Wie heißt du?**

  مرحباً، ما هو اسمكِ؟

  Hello! What's your name?

- **Anna. Und wer bist du?**

  أنّا، ومن تكونين أنتِ؟

  Anna. And who are you?

- **Ich bin Natascha.**

  أنا ناتاشا.

  I'm Natasha.

- **Wie geht es dir?**

  كيف حالكِ؟

  How are you?

- **Es geht so.**

  لا بأس.

  Not too bad, thank you.

- **Tschüss, Natascha.**

  إلى اللقاء، ناتاشا.

  Bye, Natasha.

Hallo!	*Wer* bist du?	Ich bin …
Wie geht es dir?	Es geht so.	
Tschüss.	Bis bald.	

Ergänzen Sie:

Wer _________ du? Ich _________

Wie _________ es _______?

Schreiben Sie: (Hallo! – bist – Wer – du?)

________________! _________ bist _________?

(Bis – Tschüss! – bald)

____________! ____________ ____________.

Was ist richtig? Kreuzen Sie an: ⊗

Hallo	*Auf Wiedersehen*	*Tschüss*
▢ Ali. Wie geht es dir?	▢ Ali.	▢ Frau Meier
▢ Frau Meier. Wie geht es Ihnen?	▢ Frau Meier.	▢ Ali

Schreiben Sie:

Hallo Ali! ___________ __________________ ___________ Dir?

Auf _________________________________ ____________ Meier.

- من أيِّ بلدٍ أنت/أنتِ؟
  Where do you come from?

- **Woher kommen Sie?**

- أنا من كازاخستان، أمريكا، تركيا.

- **Ich komme aus Kasachstan, den USA, der Türkei.**
  I come from Kasachstan, the USA, Turkey.

- من أيِّ بلدٍ أنت؟
  Where do you come from?

- **Woher kommst du?**

- أنا من روسيا، من الفلبيين، من أوكرانيا، من ألمانيا.

Ich komme aus Russland, von den Philippinen, der Ukraine, aus Deutschland.
I'm from Russia, the Philippines, the Ukraine, Germany.

| *Woher* kommen Sie? | Ich komme aus … | Woher kommst du? |

Ergänzen Sie:

W________ kommen ____________? W _______ kommst _____? Ich _____________ aus …….

Was ist richtig? Kreuzen Sie an: ⊗

Wie geht es dir?	*Wie geht es Ihnen?*	*Woher kommen Sie?*	*Woher kommst du?*
□ Bis später.	□ Auf Wiedersehen.	□ Danke, gut.	□ Ich komme aus
□ Danke, ganz gut.	□ Es geht so.	□ Ich komme aus …	□ Ich bin

Schreiben Sie:

____________ geht ________ Ihnen? ___________ ____________ __________.

Woher _____________ du? ____________ ____________ ___________ …..

Auf ________________________________. Bis _________________.

(siehe auch Seite 48 und 49!!!)

Aa	Bb	Cc	Dd	Ee	Ff	Gg	Hh	Ii	Jj	Kk	Ll	Mm Nn
Oo	Pp	Qq	Rr	Ss	Tt	Uu	Vv	Ww	Xx	Yy	Zz	

Sprechen Sie:

a –be-ce-de-e-ef-ge-ha-i-jot-ka-el-em-en-o-pe-qu-er-es- te- u-vau-we-ix-ypsilon- zet

Ää – Öö – Ü ü – ß (= ss) – ck – äu –Au – Ei – Eu – Ch –Sch - St

Ich heiße Abdul Yeboah.	أنا اسمي عبد اليبوا. I'm called Abdul Yeboah.
Entschuldigen Sie, wie heißen Sie?	عفواً، ما هو اسمك؟ I'm sorry, what are you called?
Mein Name ist Abdul Yeboah.	اسمي عبد اليبوا. My name is Abdul Yeboah.
Wie bitte?	نعم؟ I'm sorry?
Ich buchstabiere: A b d u l Y e b o a h	ساتهجى الاسم: ع ب د ا ل ي ب و ا I'll spell it: A b d u l Y e b o a h .
Wie schreibst du Norwegen?	كيف تكتب نرويج؟ How do you write Norway?
Ich buchstabiere: N o r w e g e n.	ساتهجى لك: ن ر و ي ج. I'll spell it : N o r w a y.

Entschuldigen Sie, wie heißen Sie?	Wie bitte?	Ich buchstabiere ……….

Buchstabieren Sie Ihren Namen: ………………………………………

ما اسم القارات: •

- **Wie heißen die Kontinente:** What are the names of the continents:

أفريقيا، آسيا، أستراليا •

- **Afrika, Asien, Australien** Africa, Asia, Australia

أوروبا، أمريكا الشمالية، أمريكا الجنوبية. •

- **Europa, Nordamerika, Südamerika.** Europe, North America, South America

أين تقع ألمانيا؟ •

- **Wo liegt Deutschland?** Where is Germany?

تقع ألمانيا في أوروبا. •

- **Deutschland liegt in Europa.** Germany is in Europe.

أنا اسمي فاطمة عزيز. •

- **Ich heiße Fatima Aziz.** My name is Fatima Aziz.

من أي بلدٍ أنتَ/أنتِ؟ •

- **Woher kommen Sie?** Where do you come from?

أنا من مصر. •

- **Ich komme aus Ägypten.** I'm from Egypt.

أي لغات تتكلم/ تتكلمين؟ •

- **Welche Sprachen sprechen Sie?** Which languages do you speak?

أنا أتكلم البرتغالية والإسبانية. •

أنا أتكلم، أنتَ تتكلم/ أنتِ تتكلمين، هو يتكلم/ هي تتكلم، نحن نتكلم، أنتم تتكلمون، هم يتكلمون/ هن يتكلمن

- **Ich spreche Portugiesisch und Spanisch.** I speak Portuguese and Spanish.

- **ich spreche, du sprichst, er/sie spricht, wir sprechen, ihr sprecht, sie sprechen.**
  I speak, you speak, he/she speaks, we speak, you speak, they speak.

- ما هي جنسيتك؟

- **Was ist deine Nationalität?** What's your nationality?

- أنا صيني.

أنا (أكون)، أنتَ (تكون)/ أنتِ (تكونين)، نحن (نكون)، أنتم (تكونون)، أنتن (تكونن)، هم (يكونون)/ هن (يكونن).

- **Ich bin Chinese.** I am Chinese.

- **ich bin, du bist, er/sie ist, wir sind, ihr seid, sie sind.**
- I am, you are, he/she is, we are, you are, they are.

- أين تعمل/ تعملين؟

- **Wo arbeitest du?** Where do you work?

- أنا أعمل في دورتموند.

أنا أعمل، أنتَ تعمل/ أنتِ تعملين، هو يعمل/ هي تعمل، نحن نعمل، أنتم تعملون/ أنتن تعملن، هم يعملون/ هن يعملن.

- **Ich arbeite in Dortmund.** I work in Dortmund.

- **ich arbeite, du arbeitest, er/sie arbeitet, wir arbeiten, ihr arbeitet, sie arbeiten.**
  I work, you work, he/she works, we work, you work, they work

- هذا هو لوكا باريج.

- **Das ist Luka Baric.** This is Luka Baric.

- هو من كراوتيا.

أنا من، أنتَ/ أنتِ من، هو/هي من، نحن من، أنتم/ أنتن من، هم/ هن من.

- **Er kommt aus Kroatien.** He comes from Croatia.
- **ich komme, du kommst, er/sie kommt, wir kommen, ihr kommt, sie kommen.**
  I come, you come, he/she comes, we come, you come, they come.

- اسمي ماريا داليما.

- **Mein Name ist Maria da Lima.** My name is Maria da Lima.

- أنا برازيلية وأتكلم البرتغالية.

- **Ich bin Brasilianerin und spreche Portugiesisch.** I'm Brazilian and speak Portuguese.

____

- **أنا أسكن في كولن.**

أنا أسكن، أنتَ تكسن/ أنتِ تكسنين، هو يسكن/ هي تسكن، نحن نسكن، أنتم تسكنون/ أنتن تسكنون/ هم يسكنون/ هن يسكنن.

- **Ich wohne in Köln.**   I live in Cologne.
- **ich wohne, du wohnst, er/sie wohnt, wir wohnen, ihr wohnt, sie wohnen.**
  I live, you live, he/she lives, we live, you live, they live.

- **أين تسكن؟**

- **Wo wohnen Sie?**   Where do you live?

- **أنا أسكن في دورتموند.**

- **Ich wohne in Dortmund.**   I live in Dortmund.

- **أين تسكنون؟**

- **Wo wohnt ihr?**   Where do you live?

- **نحن نسكن في برلين.**

- **Wir wohnen in Berlin.**   We live in Berlin.

Wo wohnen Sie?	Ich wohne in ……	Wo wohnt ihr?	Wir wohnen in …..

Schreiben Sie: Wo – Sie – wohnen – Ich –-in - wohne

_________ wohnen ______? Ich _____________ ______

Schreiben Sie: wohnen – ihr – wohnt – wir – in – Wo

Wo _____________ ihr? Wir _______________________ __________

Was ist richtig? Kreuzen Sie an: ⊗

Wo wohnst du?	Wo wohnen Sie?	Wo wohnt ihr?
☐ Mein Name ist …	☐ Ich wohne in…	☐ Ich wohne in…
☐ Ich wohne in …	☐ Ich bin ….	☐ Wir wohnen in …

Schreiben Sie:

Wo _____________ du? Ich _________________ in ….

Schreiben Sie:

Mein Name ist ________ _____________ _____________ _______________ ____________.

Ich heiße ________ _____________ _______________ _____________

Ich buchstabiere __________ ________________

Ich komme aus _______ _____________ ________ _____________

Ich wohne in ________ _____________ _______ _____________

Grammatik: W-Fragen, Konjugation

W-Fragen: Wie? Wo? Was? Woher? Wer?

Fragen Sie:

Wie ____

Wo ____

Was ____

Woher ____

Wer ____

Verben (siehe auch Seite 48 und Seite 49 !!)

Ergänzen Sie:

Infinitiv	kommen	wohnen	heißen
ich	komme		
du		wohnst	heißt
er/es/sie		wohnt	
wir		wohnen	
ihr			heißt
sie/Sie	kommen		

Infinitiv	sein	liegen	*sprechen*
ich	bin	liege	
du			*sprichst*
er/es/sie			
wir	sind		sprechen
ihr	seid		
sie/Sie		liegen	

Schreiben Sie Sätze mit:

kommen ____

heißen ____

liegen ____

sein ____

sprechen ____

wohnen ____

0	null	10	zehn			
1	eins	11	elf			
2	zwei	12	zwölf			
3	drei	13	dreizehn			
4	vier	14	vierzehn			
5	fünf	15	fünfzehn			
6	sechs	16	*sech*zehn	+	plus	
7	sieben	17	*sieb*zehn	-	minus	
8	acht	18	achtzehn	=	ist	
9	neun	19	neunzehn			
		20	zwanzig			

Sprechen Sie:

sieben – dreizehn – null – achtzehn – eins – zwanzig – plus – sechzehn – neun – ist – elf – ist

Schreiben Sie:

acht ___________, neunzehn ______________, 2 ___________, 15 _______________,

sechs _________________, 16 _________________, 20 _________________, 5 __________.

Ordnen Sie zu:

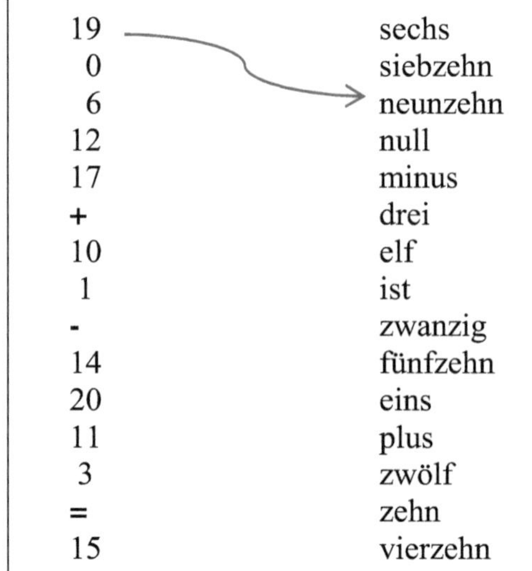

19	sechs
0	siebzehn
6	neunzehn
12	null
17	minus
+	drei
10	elf
1	ist
-	zwanzig
14	fünfzehn
20	eins
11	plus
3	zwölf
=	zehn
15	vierzehn

20	zwanzig	70	siebzig
21	ein*und*zwanzig	80	achtzig
24	vierundzwanzig	90	neunzig
29	neunundzwanzig	100	(ein)hundert
30	dreißig	154	(ein)hundertvierundfünfzig
32	zweiunddreißig	200	zweihundert
37	siebenunddreißig	900	neunhundert
40	vierzig	1.000	(ein)tausend
50	fünfzig	3.000	dreitausend
60	sechzig	10.000	zehntausend

x	mal	:	(geteilt) durch

- **Wie heißen die Zahlen auf Deutsch?**
  23, 57, 64, 89, 31, 42, 24.
  What are these numbers in German?

  ما اسم الأرقام في الألمانية؟
  23، 57، 64، 89، 31، 42، 24.

- **32 + 17 ist 49.**
  32 plus 17 is 49.

  32 زائد 17 يساوي 49.

- **Ist das richtig?**
  Is that right?

  هل هذا صحيح؟

- **Ja, das ist richtig.**
  Yes, that's right.

  نعم، هذا صحيح.

- **254 – 43 ist 210.**
  254 minus 43 is 210.

  254 ناقص 43 يساوي 210.

- **Ist das richtig?**
  Is that right?

  هل هذا صحيح؟

- **Nein, das ist falsch.**
  No, it's wrong.

  كلا، هذا غلط.

- **254 – 43 ist 211.**
  254 minus 43 is 211.

  254 ناقص 43 يساوي 211.

Lesen Sie:

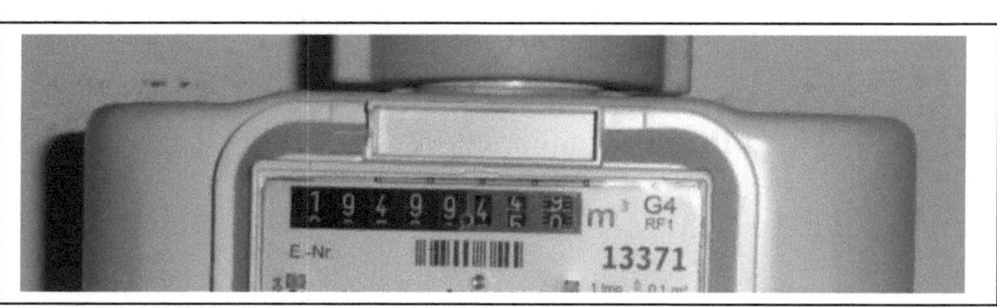

ما هو عنوانكَ/عنوانكِ؟

- **Wie ist Ihre Adresse?** — What's your address?

في أي شارع تسكن/ تسكنين؟

- **In welcher Straße wohnen Sie?** — Which street do you live in?

بوستشتراسه 87.

- **Poststraße 87.** — Poststraße 87.

في أي مدينة تسكن/ تسكنين؟

- **In welcher Stadt wohnen Sie?** — Which town do you live in?

في ريجينسبورج.

- **In Regensburg.** — Regensburg.

ما هو الرقم البريدي؟

- **Wie ist die Postleitzahl?** — What's the postcode?

الرقم البريدي هو 93053.

- **Die Postleitzahl ist 93053.** — The postcode is 93053.

هل ليدك هاتف؟

- **Haben Sie Telefon?** — Do you have a telephone?

نعم لدي نقال.

- **Ja, ich habe ein Handy.** — Yes, I have a mobile.

لـدي، لـديك، انـه / لـديها، لـدينـا، لـديك، لـديـهم.

- **ich habe, du hast, er/sie hat, wir haben, ihr habt, sie haben.**
  I have, you have, he/she has, we have, you have, they have.

ما هو رقم النقال؟

- **Wie ist Ihre Telefonnummer?** — What's your telephone number?

0173 6477311.

- **0173 6477311.** — 0173 6477311.

- **Kann ich mit der EC-Karte bezahlen?**   هل أستطيع الدفع ببطاقة الإئتمان المصرفية؟
  Can I pay with an EC-card?

- **Wo ist hier in der Nähe ein Geldautomat?**   أين يوجد بالقرب من هنا آلة صراف آلي؟
  Is there a cash-machine near here?

- **Ich muss noch meine Rechnung überweisen.**   ما زال عليّ أن أحول فاتورتي.
  I've still got to pay my bill (with a bank transfer).

- رقم الحساب هو: 234 891
  لدى الشباركاسه (...)، رقم المصرف: 87005679. ا IBAN ....
- **Meine Kontonummer ist: 234 891**   My account number is: 234 891,

- **bei der Sparkasse X, Bankleitzahl: 87005679. IBAN: ....**
  with the Sparkasse X, bank sorting code: 87005679. IBAN: ....

- السيد ماير يذهب إلى المصرف ويجلب بيان حسابه.
- **Herr Meier geht zur Bank und holt seinen Kontoauszug.**
  Mr. Meier goes to the bank and fetches his bank statement.

Hilfsverben „sein" und "haben"
Satzstruktur, Modalverben (können, müssen)

Hilfsverben "sein" und "haben"		
Infinitiv	**sein**	**haben**
ich	bin	habe
du	bist	hast
er/es/sie	ist	hat
wir	sind	haben
ihr	seid	habt
sie/Sie	sind	haben

Der Satz

Ich	habe	ein Handy
Subjekt	**Verb**	**Objekt**
Herr Meier	geht	zur Bank
Herr Meier	holt	seinen Kontoauszug

Die Satzfrage

Haben	Sie	Telefon?
Verb	**Subjekt**	**Objekt**
Geht	Herr Meier	zur Bank?
Holt	Herr Meier	seinen Kontoauszug?

Modalverben		
Infinitiv	**können**	**müssen**
ich	kann	muss
du	kannst	musst
er/es/sie	kann	muss
wir	können	müssen
ihr	könnt	müsst
sie/Sie	können	müssen

(Siehe auch Seite 46 !)

	Ich	*muss*	meine Rechnung überweisen.
Frage:	*Muss*	ich	meine Rechnung überweisen?
	Ich	*kann*	mit der EC-Karte bezahlen.
Frage:	*Kann*	ich	mit der EC-Karte bezahlen?

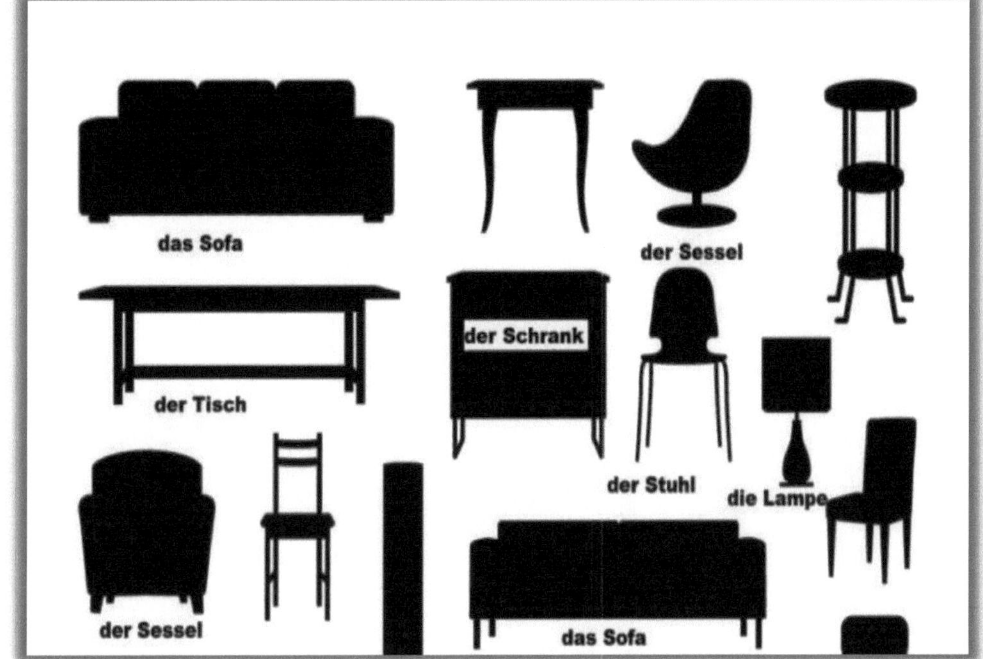

- **Der Schrank ist groß.**
  الدولاب كبير.
  The cupboard is big.

- **Da steht das Sofa. Es ist alt.**
  هناك الكنبة. إنها قديمة.
  There's the sofa. It's old.

- **Der Fernseher ist neu.**
  التلفزيون جديد.
  The television is new.

- **Der Sessel ist hässlich.**
  المقعد بشع.
  The armchair is ugly.

- **Das Bett ist klein.**
  السرير صغير.
  The bed is small.

- **In der Küche ist kein Herd und kein Kühlschrank.**
  لا يوجد في المطبخ موقد طبخ ولا ثلاجة.
  There is no oven and no fridge in the kitchen.

- **Im Wohnzimmer ist kein Teppich.**
  لا توجد في حجرة الجلوس سجادة.
  There's no carpet in the living-room.

- **Ist das ein Waschbecken?**
  هل هذا حوض غسل؟
  Is that a basin?

- **Nein, das ist eine Spüle.**
  كلا، هذا حوض مطبخ.
  No, it's a sink.

- **Das sind keine Stühle.**
  هذه ليست كراسي.
  Those aren't chairs.

- **In der Wohnung sind keine Möbel.**
  لا يوجد في الشقة أثاث.
  There is no furniture in the flat.

- **Im Schlafzimmer ist ein Bett. Es ist groß.**
  يوجد في حجرة النوم سرير. إنه كبير.
  There's a bed in the bedroom. It's big.

- **Der Kühlschrank ist alt.**
  الثلاجة قديمة.
  The fridge is old.

- **Im Bad ist ein Regal. Es ist klein.**
  يوجد في الحمام رف، إنه صغير.
  There's a shelf in the bathroom. It's small.

- **In der Küche brauchen wir eine Mikrowelle.**
  نحتاج في المطبخ إلى فرن الميكروويف.
  We need a microwave in the kitchen.

- **Sie brauchen einen Schreibtisch.**

  أنتَ تحتاج / أنتِ تحتاجين إلى طاولة.
  You need a writing table.

- **Habt ihr eine Waschmaschine?**

  هل لديكم غسالة؟
  Do you have a washing-machine.

- **Ich kaufe eine Spülmaschine.**

  سأشتيري آلة غسل أواني.
  I'll buy a dishwasher.

- **Brauchst du eine Lampe?**

  هل تحتاج/ تحتاجين إلى مصباح؟
  Do you need a lamp.

- **Ist das Bild schön? Ja, das Bild ist schön.**

  هل الصورة جميلة؟ نعم، الصورة جميلة.
  Is the picture nice? Yes, it is nice.

- **Im Büro fehlt noch ein Computer.**

  تفتقر المكتبة إلى حاسوب.
  There's still no computer in the office.

Schreiben Sie. Was ist in der Küche, im Schlafzimmer, im Wohnzimmer?

Schrank, Sofa, Fernseher, Sessel, Bett, Herd, Kühlschrank, Teppich, Spüle, Stühle, Regal, Mikrowelle, Schreibtisch, Waschmaschine, Spülmaschine, Lampe, Bild

in der Küche: ____

____

im Schlafzimmer: ____

____

im Wohnzimmer: ____

____

Adjektive, Artikel, Singular und Plural

Adjektive

Schreiben Sie. Was ist ....?

groß, alt, neu, hässlich, klein, schön

Der Schrank ist _____________________   Das Sofa ist _____________________

Der Fernseher ist _____________________   Der Sessel ist _____________________

Das Bett ist _____________________   Der Kühlschrank ist _____________________

Das Regal ist _____________________   Das Bild ist _____________________

Artikel   (siehe auch Seite 44!)

Die Artikel				
Nominativ	m (maskulin)	f (feminin)	n (neutrum)	Plural
bestimmter Artikel	der	die	das	die
unbestimmter Artikel	ein	eine	ein	-----

- **Was ist das?**

- **Das ist ein Buch, ein Tisch, eine Brille.**

- **Wie heißt das auf Deutsch?**

- **Das ist die Tafel, der Kugelschreiber, das Heft.**
  This/that's the blackboard, the pen, the notebook.

- **Hier ist die Tasche, die Lampe und der Stuhl.**
  Here (or: this) is the bag, the lamp and the chair.

- **Das sind Taschen, Bleistifte und Bücher.**

ما هذا؟
What's that? (Or: what's this?)
هذا كتاب، هذه طاولة، نظارة.
It's a book, a table, a pair of glasses.
ما اسم هذا في الألمانية؟
What's that/this called in German?
هذه الصبورة، هذا القلم الجاف، الدفتر.

ها هنا الحقيبة والمصباح والكرسي.

هذه حقائب، أقلام رصاص وكتب.
These are bags, pencils and books.

Ergänzen Sie:

das Buch – ein Buch – die Bücher,	der Tisch - _______ Tisch - _________ Tische

der Kugelschreiber - _______ Kugelschreiber - _______ Kugelschreiber

die Tasche - _______ Tasche - _______ Taschen,	das Heft - _______ Heft - _______ Hefte

der Stuhl - _______ Stuhl - _______ Stühle,	die Lampe - _______ Lampe - _______ Lampen

Singular und Plural

Pluralbildung der Nomen		
	Singular	**Plural**
unverändert	der Lehrer	die Lehrer
+ n	die Lampe	die Lampe**n**
+ e	der Tisch	die Tisch**e**
+ s	das Handy	die Handy**s**
+ nen	die Lehrerin	die Lehrerin**nen**
Umlaut(ä,ö,ü) + er	das Wort	die Wört**er**
Umlaut(ä,ö,ü) + e	der Stuhl	die Stühl**e**
+ er	das Kind	die Kind**er**
+ en	die Zahl	die Zahl**en**

- **Wie heißt der Plural?**

- **der Tisch – die Tische, das Kind – die Kinder, das Heft – die Hefte,**
  Table – tables, child – children, notebook – notebooks.

- **das Buch – die Bücher, die Tasche – die Taschen, die Lampe – die Lampen**
  Book – books, bag – bags, lamp – lamps.

- **das Auto – die Autos, die Zahl – die Zahlen,**
  Car – cars, number – numbers.

- **der Mann – die Männer, die Frau – die Frauen.**
  Man – men, woman – women.

- ما اسم الجمع؟
  What's the plural?

- الطاولة — الطاولات، الطفل — الأطفال، الدفتر — الدفاتر،

- الكتاب — الكتب، الحقيبة — الحقائب، المصباح - المصابح

- السيارة — السيارات، الرقم - الأرقام

- الرجل — الرجال، الأمرأة — النساء.

Farben und Emotionen

- **Die Wand ist weiß, die Kommode ist braun.** The wall is white. The sideboard is brown. الحائط أبيض، الخزانة بنية.
- **Der Tisch ist schwarz, der Teppich ist grün.** The table is black. The carpet is green. الطاولة سوداء، السجادة خضراء.
- **Die Lampe ist gelb, das Sofa ist blau.** The lamp is yellow, the sofa is blue. المصباح أصفر، الكنبة زرقاء.
- **Der Sessel ist rot, die Stühle sind grau.** The armchair is red, the chairs are grey. المقعد أحمر، الكراسي رمادية.

Schreiben Sie. Was ist weiß, braun, schwarz, grün, gelb, blau, rot, grau?

- **Findest du das Wohnzimmer gemütlich?** Do you think the living-room is cosy? أتجد حجرة الجلوس مريحة؟
- **Der schwarze Fernseher ist toll.** The black television is great. التلفزيون الأسود رائع.
- **Findet ihr das lila Regal furchtbar?** Do you think the lilac shelf is terrible? أتجدون الرف البنفسجي قبيح؟
- **Wir finden das Buch langweilig.** We think the book is boring. نجد الكتاب مملاً.
- **Der rosa Teppich ist ganz schön.** The pink carpet is very nice. السجادة الوردية جميلة جداً.
- **Der alte Schreibtisch ist okay.** The old desk is OK. الطاولة القديمة لا بأس بها.
- **Wie findet Irina die blaue Wand?** What does Irina think of the blue wall? ما رأي إرينا في الحائط الأزرق؟

Schreiben Sie. Wie ist das Wohnzimmer, der Fernseher, das Regal, das Buch, der Teppich, der Schreibtisch?

gemütlich, toll, furchtbar, langweilig, ganz schön, okay

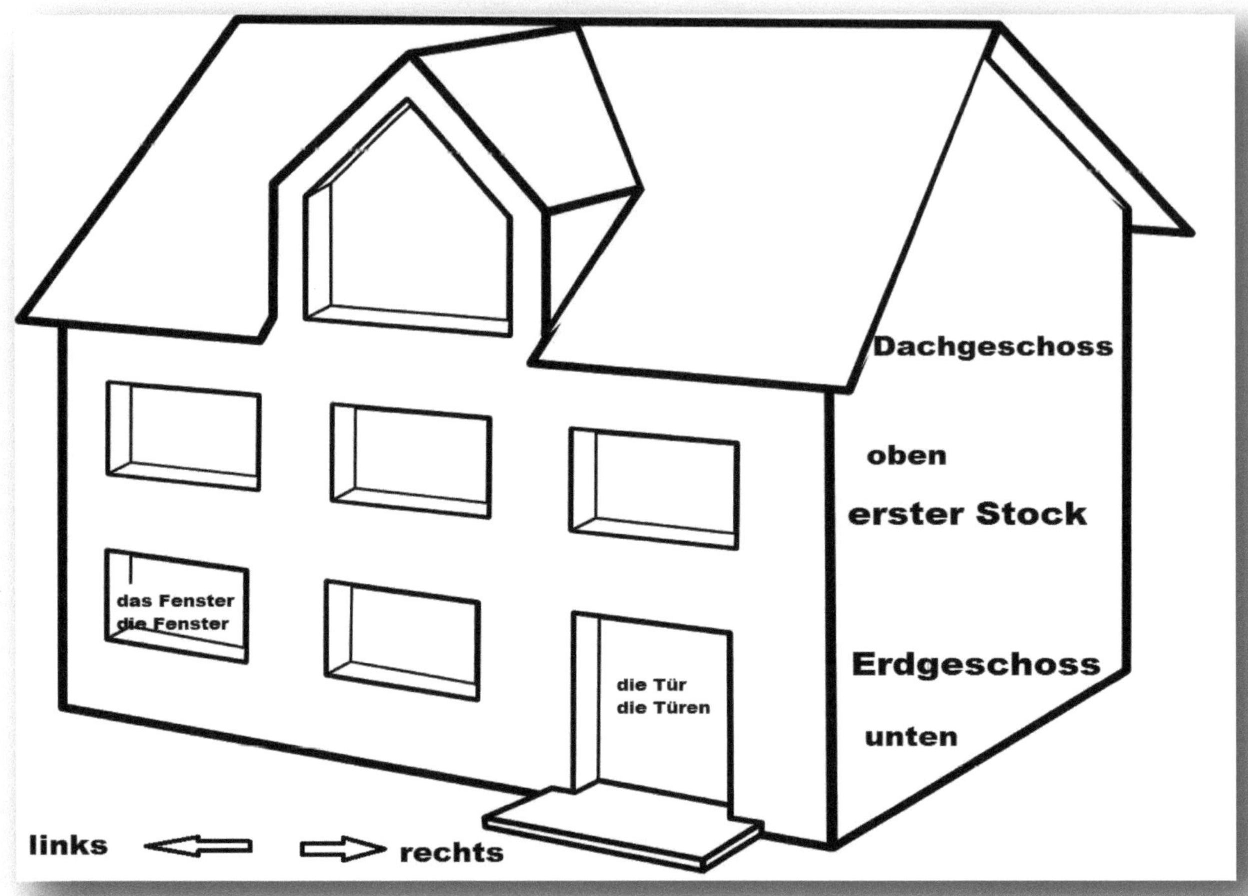

- من يسكن في الطابق الأول على اليمين؟
- **Wer wohnt im ersten Stock rechts?**   Who lives on the right hand side on the first floor?

- تسكن العائلة ماير فوق في الطابق تحت السقف.
- **Familie Meier wohnt oben im Dachgeschoss.**
  The Meiers live upstairs on the top floor.

- هم يسكنون تحت في الطابق الأرضي.
- **Sie wohnen unten im Erdgeschoss.**   They live downstairs on the ground floor.

- نحن نسكن في الطابق الثالث على اليسار.
- **Wir wohnen im dritten Stock links.**   We live on the left hand side on the third floor.

- هل تكسونون في الطابق الثاني على اليمين؟
- **Wohnt ihr im zweiten Stock rechts?**
  Do you live on the right hand side on the second floor?

- نحن نسكن في منزل لأسرة واحدة -
  مع تدفئة مركزية وبلكون.
- **Wir wohnen in einem Einfamilienhaus –**   We live in a detached house –
- **mit Zentralheizung und Balkon.**   with central-heating and a balcony.

- **Wie groß ist die Wohnung?**

ما حجم الشقة؟

How big is the flat?

- **Die Wohnung ist 120 m² (= Quadratmeter) groß.**

الشقة حجمها 120 متر مربع.

The flat is 120 square metres big.

- **Sie kostet 600 € (= Euro) Miete und 250 € Nebenkosten.**

سعر إيجارها 600 يورو و 250 يورو تكاليف إضافية.

It costs 600 Euros rent and 250 Euros additional charges.

- **Sucht ihr eine billige Wohnung in Köln?**

هل تبحثون عن شقة رخيصة في كولن؟

Are you looking for a cheap flat in Cologne?

- **Wir bezahlen 750 € Warmmiete.**

نحن ندفع 750 يورو للإيجار الكامل.

We pay 750 Euros total rent.

- **Die Wohnung ist ruhig. Sie hat einen Garten.**

الشقة هادئة، ولها حديقة.

The flat is quiet. It has got a garden.

- **Du suchst eine kleine Wohnung. Zwei Zimmer sind genug.**

أنتَ تبحث/ أنتِ تبحثين عن شقة صغيرة. غرفتان تكفيان.

You're looking for a small flat. Two rooms are enough.

- **Die Wohnung ist kalt, dunkel und laut.**

الشقة باردة، ظلمة وفيها ضوضاء.

The flat is cold, dark and loud.

- **Die Freunde haben eine Wohnung mit 80 m² (= Quadratmeter).**

الأصدقاء لديهم شقة حجمها 80 متر مربع.

The friends have got an 80 square metres flat.

إنها هادئة، دافئة ونيرة.

- **Sie ist ruhig, warm und hell.** It is quiet, warm and bright.

الشقة لها 3 حجرات، مطبخ وحمام.

- **Die Wohnung hat 3 Zimmer, Küche und Bad.**
The flat has three rooms, kitchen and bathroom.

DG = Dachgeschoss, EG = Erdgeschoss, Whg. = Wohnung, ZKB = Zimmer, Küche, Bad,
KM = Kaltmiete, NK = Nebenkosten, zu verm. = zu vermieten, Tel. = Telefon

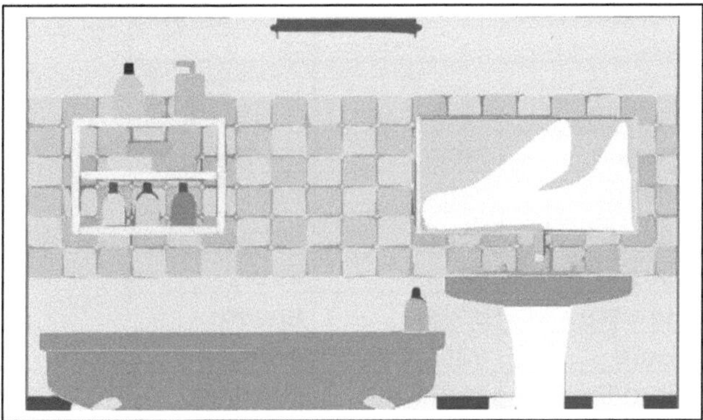

Wohnungsanzeigen
aus der Zeitung:

Dortmund, schöne helle DG-Whg.,
2 ZKB, 70 m², € 420 KM + NK zu
verm. ab 1.3. Tel.:00000000

Soest, EG-Whg, 2 ZKB, 64 m²,
€ 386 KM + € 120 NK, Tel.:00000

Familie

- **Ich habe viele Verwandte.**

  لدي أقرباء كثيرون.
  I have a lot of relatives.

- **Mein Großvater (= Opa) und meine Großmutter (=Oma) leben in Köln.**
  My grandmother and grandfather live in Cologne.

  جدي وجدتي يعيشون في كولن.

- **Mein Vater und meine Mutter wohnen in München.**
  My father and mother live in Munich.

  أبي وأمي يسكنون في ميونخ.

- **Frau Schulte hat zwei Kinder.**
  Mrs. Schulte has two children.

  السيدة شولته لديها ولدان.

- **Ihr Sohn ist 18 und ihre Tochter 15 Jahre alt.**
  اينها عمره 18 سنة وبنتها عمرها 15 سنة.
  Her son is 18 and her daughter is 15 years old.

Die Possessivartikel				
Nominativ	m (maskulin)	f (feminin)	n (neutrum)	Plural
ich	mein	meine	mein	meine
du	dein	deine	dein	deine
er/es	sein	seine	sein	seine
sie	ihr	ihre	ihr	ihre
wir	unser	unsere	unser	unsere
ihr	euer	eure	euer	eure
sie/Sie	ihr/Ihr	ihre/Ihre	ihr/Ihr	ihre/Ihre

- **Der Sonntag ist immer ein ruhiger Tag.**
  يوم الأحد دائما يوماً هادئاً.
  Sunday is always a quiet day.

- **Niemand arbeitet.**
  لا أحد يعمل.
  No one is working.

- **Der Onkel liest ein Buch.**
  يقرأ العم كتاباً.
  The uncle is reading a book.

- **Meine Mutter sieht einen Film.**
  تشاهد أمي فلما.
  My mother is watching a film.

- **Die Tochter trifft ihre Freundinnen.**
  تقابل أختي صديقاتها.
  The daughter is meeting her friends.

- **Dann besichtigen sie mit ihren Freunden Sehenswürdigkeiten in München.**
  ثم يشاهدون المعالم مع أصدقائهم في ميونخ.
  Then they are going to do some sightseeing in Munich.

- Großmutter (Oma) – Großvater (Opa) = Großeltern
- Mutter (Mama) – Vater (Papa) = Eltern
- Tochter – Sohn = Kinder von Mama und Papa = Enkelkinder von Oma und Opa
- Schwester – Bruder = Geschwister
- Tante – Onkel = Schwester - Bruder von Mama oder Papa

Schreiben Sie. Was machen der Onkel, die Mutter und die Tochter?

____

____

____

Was machen Sie am Sonntag?

____

Die Monate:

- Januar
- Februar
- März
- April
- Mai
- Juni
- Juli
- August
- September
- Oktober
- November
- Dezember

Die Woche:

Montag
Dienstag
Mittwoch
Donnerstag
Freitag
Samstag
Sonntag

- Vormittag
- Mittag
- Nachmittag
- Abend

للأسبوع سبعة أيام.

- **Die Woche hat sieben Tage.**
  The week has seven days.

الأثنين قبل الظهر يركض الولد.

- **Am Montagvormittag joggt der Junge.**
  On Monday morning the boy goes jogging.

الثلاثاء بعد الظهر تذهب البنات ليسبحن.

- **Am Dienstagnachmittag gehen die Mädchen schwimmen.**
  On Tuesday afternoon the girls go swimming.

الأحد مساءً يرقص السيد والسيدة شولته.

- **Am Sonntagabend tanzen Herr und Frau Schulte.**
  On Sunday evening Mr. and Mrs. Schulte go dancing.

الأربعاء يذاكر الأولاد دروسهم حتى السادسة إلا الربع.

- **Am Mittwoch machen die Jungen Hausaufgaben bis Viertel vor sechs Uhr.**
  On Wednesday the boys do homework until quarter to six.

السبت يتجول الأب والأم من الساعة الثانية والنصف حتى الخامسة وعشرة دقائق.

- **Am Samstag wandern Vater und Mutter von halb drei bis 10 nach fünf.**
  On Saturday the mother and father go walking from half past two until ten past five.

الجمعة يتجول يان في الإنترنت من الساعة الثانية عشر والربع حتى الساعة الواحدة.

- **Am Freitag surft Jan im Internet von Viertel nach zwölf bis ein Uhr.**
  On Friday Jan surfs in the internet from quarter past twelve until one o'clock.

الخميس مساءً نسمع أولاً معاً إلى الموسيقى،
وبعد ذلك نلعب كرة القدم.

- **Am Donnerstagabend hören wir zunächst zusammen Musik, danach spielen wir Fußball.**
  On Thursday evening first of all we listen to music together, then we play football.

Wie heißen die Wochentage?

Mo______________, D______________, M______________, D______________

F______________, Sa______________, So______________.

Was machen sie?

□ joggen   □ sch______________   □ t______________   □ wa______________

□ Hausaufgaben ______________   □ Musik ______________   □ Fußball ______________

Wie spät ist es?

How late is it?

09:00	08:15	09:30
Es ist neun Uhr	Es ist Viertel nach acht	Es ist halb zehn

01:45	11:10	10:20
Es ist Viertel vor zwei	Es ist 10 nach elf	Es ist zwanzig nach zehn

10:40	04:50	11:55
Es ist zwanzig vor elf	Es ist 10 vor fünf	Es ist fünf vor zwölf

Schreiben Sie:

09:45 Uhr Es ist ______________, 07:15 Uhr Es ist ______________

06:30 Uhr Es ist ______________ 03.50 Uhr Es ist ______________

09:00	neun Uhr	
21:00	neun Uhr	oder einundzwanzig Uhr
08:15	Viertel nach acht	oder acht Uhr fünfzehn
20:15	Viertel nach acht	oder zwanzig Uhr fünfzehn
06:30	halb sieben	oder sechs Uhr dreißig
18:30	halb sieben	oder achtzehn Uhr dreißig
07:45	Viertel vor acht	oder sieben Uhr fünfundvierzig
19:45	Viertel vor acht	oder neunzehn Uhr fünfundvierzig
11:10	zehn *nach elf*	oder elf Uhr zehn
23:10	zehn nach elf	oder dreiundzwanzig Uhr zehn
10:20	zwanzig nach zehn	oder zehn Uhr zwanzig
22:20	zwanzig nach zehn	oder zweiundzwanzig Uhr zwanzig
10:40	zwanzig *vor elf*	oder zehn Uhr vierzig
22:40	zwanzig vor elf	oder zweiundzwanzig Uhr vierzig
11:55	fünf vor zwölf	oder elf Uhr fünfundfünfzig
23:55	fünf vor zwölf	oder dreiundzwanzig Uhr fünfundfünfzig

متى تنتهي الحفلة الموسيقية؟

- **Wann hört das Konzert auf?**
  When does the concert finish?

يبدأ الفيلم في السينما الساعة الثامنة والربع.

- **Im Kino fängt der Film um Viertel nach acht an.**
  In the cinema the film starts at quarter past eight.

أحب الذهاب معك/ معكم.

- **Ich komme gern mit.**
  I would like to come (along).

هل تمرون/ تمرن على ميشائيلا وتصطحبونها/ تصطحبنها؟

- **Holt ihr Michaela ab?**
  Are you picking Michaela up?

حتى متى ينتهي درس اللغة الألمانية؟

- **Bis wann geht der Deutschkurs?**
  What time does your German course finish?

متى تبدأ الاستراحة؟

- **Wann beginnt die Pause?**
  When does the break start?

ينتهي اليوم الدرس الساعة الحادية عشر والنصف.

- **Heute endet der Kurs um halb zwölf.**
  Today the course finishes at half past eleven.

للأسف، الدرس يُلغى اليوم.

- **Der Kurs fällt heute leider aus.**
  Unfortunately there's no lesson today.

لا يوجد قاطاراً في الليل.

- **In der Nacht fährt kein Zug.**
  The trains don't run at night.

ينطلق القطار الساعة الثامنة وإثنين وثلاثون دقيقة مساءً.

- **Der Zug fährt um 20.32 Uhr.**
  The train leaves at 20:32.

هل هذا مناسب؟

- **Geht das?**
  Is that OK?

أجل، هذا مناسب.

- **Klar, das geht.**
  Yes, of course. That's OK.

- **Früher *warst du* ein kleines Kind.**   كنت سابقا طفلا صغيرا.
 A long time ago you were a small child.

- ***Ihr hattet* eine kleine Wohnung.**   كانت لديكم شقة صغيرة.
 You had a small flat.

- ***Onkel Paul war* früher in Italien.**   العم باول كان سابقا في إيطاليا.
 Uncle Paul was in Italy some years ago.

- ***Ich hatte* viel Zeit.**   كان لدي وقت كثير.
 I had a lot of spare time.

- ***Wir waren* im Kino.**   نحن كنا في السينما.
 We were in the cinema.

- ***Du hattest* keinen Kühlschrank.**   لم يكن عندك ثلاجة.
 You didn't have a fridge.

- ***Vater und Mutter hatten* kein Handy.**   كان الأب والأم لا الهاتف الخليوي.
 Father and mother had no mobile.

- ***Die Zimmer waren* gemütlich.**   كانت الغرف مريحة.
 The rooms were cosy.

- ***Ich war* schon in München.**   وأنا قد كنت في ميونخ.
 I've already been to Munich.

- ***Meine Tante hatte* früher keinen Fernseher.**   لم تملك عمتي سابقا تلفزيونا.
 My aunty didn't use to have a television.

- ***Wir hatten* viele Möbel.**   كان لدينا الكثير من الأثاث.
 We had a lot of furniture.

- ***Ihr wart* viele Geschwister.**   كنتم أخوة كثيرون.
 You had a lot of brothers and sisters.

- ***Die Familien* in Deutschland *waren* früher groß.**   كانت العوائل في ألمانيا سابقا كبيرة.
 The families in Germany used to be big.

Hilfsverben "sein" und "haben"

Infinitiv	sein	Präteritum	haben	Präteritum
ich	bin	war	habe	hatte
du	bist	warst	hast	hattest
er/es/sie	ist	war	hat	hatte
wir	sind	waren	haben	hatten
ihr	seid	wart	habt	hattet
sie/Sie	sind	waren	haben	hatten

- **Was machen Sie gern am Wochenende?** ماذا تحب/ تحبين أن تفعل/ تفعلين في عطلة نهاية الأسبوع؟
  What do you like to do at the weekend?

- **Heute gehe ich nicht gern aus.** لا أحب الخروج اليوم.
  I don't want to go out today.

- **Seht ihr gern fern?** هل تحبون/ تحبن مشاهدة التلفزيون؟
  Do you like to watch television?

- **Wie findest du das Hobby Tanzen?** ما رأيك في هواية الرقص؟ شائقة؟ جملية؟ مملة؟
  How do you find dancing as a hobby?

- **Interessant? Schön? Langweilig?**
  Interesting? Nice/good? Boring

- **Mein Hobby ist Kochen.** هوايتي الطبخ.
  My hobby is cooking.

- **Kochen wir am Sonntagmittag zusammen?** هل نطبخ معاً يوم الأحد الظهر؟
  Can we cook together Sunday lunchtime?

- **Nein, das geht leider nicht.** كلا، للأسف هذا ليس ممكناً.
  No, unfortunately we can't.

- **Am Sonntag habe ich keine Zeit. Ich fahre nach Köln.**
  ليس لدي وقت يوم الأحد. سأذهب إلى كولن.
  I've got no time on Sunday. I'm going to Cologne.

- **Gehen wir um 5 Uhr ins Kino?**
  هل نذهب إلى السينما الساعة الخامسة؟
  Shall we go to the cinema at 5 o'clock?

- **Ja gern, aber nicht um 5 Uhr. Geht es auch später?**
  نعم بسرور، لكن ليس الساعة الخامسة. هل يمكن تأجيل الوقت؟
  Yes, great! But not at 5 o'clock. Is it possible later?

- **Machen wir Hausaufgaben zusammen?**
  هل نذاكر دروسنا معاً؟
  Shall we do some homework together?

- **Nein, ich habe keine Lust.**
  لا، ليس لي مزاجاً لهذا.
  No, I can't be bothered.

- **Am Samstagnachmittag repariere ich das Fahrrad,**
  On Saturday afternoon I'm repairing my bicycle,
  السبت بعد الظهر أصلّح الدراجة،

  dann räume ich auf
  ثم أرتب
  then I'm tidying up

  und danach kaufe ich ein.
  وبعد ذلك أتسوق.
  and after that I'm going shopping.

- **Habt ihr eine Idee, was wir machen?**
  هل عندكم فكرة ماذا نعمل؟
  Do you know what we are doing?

- **Zuerst machen wir eine Radtour.**
  أولاً نقوم برحلة بالدراجة.
  First of all we are going on a bicycle tour.

- **Danach besuchen wir ein Straßenfest.**
  بعد ذلك نذهب إلى حفل في الشارع.
  After that we are visiting a street party.

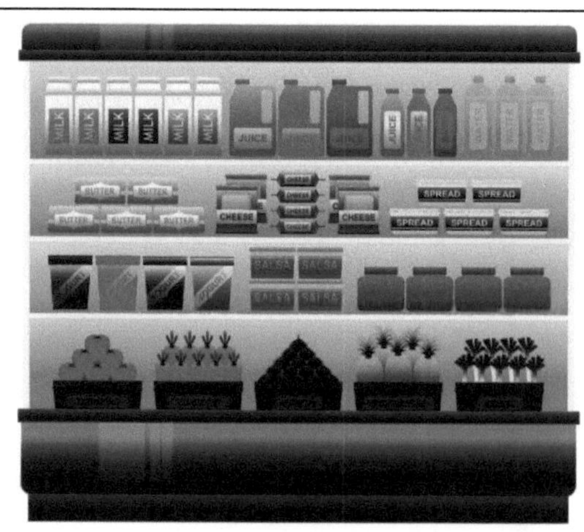

صباح الخير، أيمكنني الخدمة؟

- **Guten Morgen, was darf es sein?**
  Good morning. Can I help you?

من فضلك، كيلو واحداً من التفاح.

- **Bitte ein Kilo Äpfel.**
  A kilo of apples please.

هل لديكَ/ لديكِ طلب آخر؟

- **Haben Sie noch einen Wunsch?**
  Anything else?

أربعة أكواب لبن زبادي، علبة واحدة من البازلاء،

- **4 Becher Joghurt, eine Dose Erbsen,**
  4 cartons of yoghurt, a tin of peas,

250 ج زبدة وزجاجة مربى.

- **250 g (= Gramm) Butter und ein Glas Marmelade.**
  250 grammes of butter and a jar of marmelade, please.

أهذه كل الطلبات ؟

- **Ist das alles?**
  Is that everything?

كلا، أعطني من فضلك علبة معكرونة،

- **Nein, geben Sie mir bitte eine Packung Spaghetti,**
  No; a packet of spaghetti as well, please

كيس برتقال، قطعة جبن

- **ein Netz Orangen, ein Stück Käse,**
  a net of oranges, a piece of cheese,

زجاجة نبيذ وزجاجتين بيرة.

- **eine Flasche Wein und zwei Flaschen Bier.**
  a bottle of wine and two bottles of beer, please.

هل توجد طلبات آخرى؟

- **Und noch etwas?**
  Anything else?

كلا، شكراً، هذا كل شيء.

- **Nein, danke. Das ist alles.**
  No, thank you. That's all.

يساوي بالإجمال 21.38 يورو.

- **Das macht zusammen 21,38 € (= Euro).**
  That will be 21.38 Euros, please.

25 يورو

- **25 €.**
  25 Euros.

و 3.62 يورو الباقي. شكراً ومع السلامة.

- **und 3,62 € zurück. Danke und auf Wiedersehen!**
  and 3,62 back. Thank you and goodbye!

-

مع السلامة.

- **Auf Wiedersehen!**
  Goodbye.

- **Guten Tag. Was möchten Sie?**
  Hello/Good morning/afternoon. Can I help you?
  طاب نهاركَ/ نهارِك. ماذا تأمر/ تأمرين؟

- **Ich hätte gern 400 g Hackfleisch.**
  I would like 400 grammes of mince, please.
  أريد 400 ج من اللحم المفروم.

- **Darf es etwas mehr sein?**
  Is a little more OK?
  لا بأس إذا كان أكثر قليلا؟

- **Ja, wie viel kostet das?**
  Yes, how much is it, please?
  نعم، كم يساوي؟

- **2,97 €.**
  2 Euros 97.
  2.97 يورو.

- **Was kosten die Hähnchen?**
  How much is the chicken?
  كم سعر الدجاج؟

- **2 €.**
  2 Euros.
  2 يورو.

- إذاً، أعطني من فضلك 3 دجاجات.
  I'll take three chickens then, please.

- **Dann geben Sie mir bitte 3 Hähnchen.**

- **Ich hätte gern 1 Salat, 1 Kilo Kartoffeln und ein Pfund Tomaten.**
  I'd like one lettuce, a kilo of potatos and a pound of tomatos, please.
  أريد من فضلك خسة، و1 كج بطاطة ونصف كيلوجرام طماطم.

- **Sonst noch etwas?**
  Anything else?
  هل من طلبات أخرى؟

- **Ja, 3 Äpfel, 2 Birnen und 1 Pfund Zwiebeln.**
  Yes, please. 3 apples, two pears and a pound of onions.
  نعم، 3 تفاحات، إنجاصتان ونصف كليوجرام بصل.

- **Getränke kaufen wir nicht auf dem Markt.**
  We don't buy drinks at the market.
  نتشري المشروبات في السوق.

- **Frau Schulte kauft täglich im Supermarkt. Dort gibt es alles.**
  Mrs. Schulte shops in the supermarket every day. You can get everything, there.
  تتسوق السيدة شولته يوميا في السوبرماركت. هناك يوجد كل شيء.

- **Es ist nicht teuer. Die Preise sind nicht hoch.**
  It's not expensive. Prices are not high.
  أنه ليس غالٍ والأسعار ليست باهظة.

- **Die Kunden kaufen gern dort ein.**
  Customers like to shop there.
  الزبون يحبون التسوق هناك.

Einkaufen, Lebensmittel
Imperativ *(siehe Seite 49!)*

إذهب من فضلكَ/ إذهبي من فضلكِ إلى المخبز

- *Geh* bitte in die Bäckerei

Go to the bakers, please

وأجلب/ وأجلبي 6 صمونات ورغيف خبز!

- und *kauf* 6 Brötchen und ein Brot!

and buy 6 rolls and a loaf of bread.

لا تنسون قائمة المشتريات

- *Vergesst* nicht den Einkaufzettel

Don't forget the shopping list

وأجلبو من السوبرماركت علبة بيض،

- und *holt* im Supermarkt eine Packung Eier,

and bring a tray of eggs from the supermarket,

ولوح شوكولاته وكيسان شيبس،

- eine Tafel Schokolade, zwei Tüten Chips,

a bar of chocolate, two bags of crisps,.

و1 كج من السكر ولتراً من الحليب!

- 1 kg (= Kilogramm) Zucker und 1 Liter Milch!

a kilo of sugar and a litre of milk!

جرب/ جربي السجق!

- *Probieren Sie* die Wurst!   Try the cold meat!

هنيئاً مريئاً!

- Guten Appetit!   Good appetite!

لا أحب أكل السمك.

- Ich esse nicht gern Fisch.   I don't like fish.

هل أنتَ عطشان/ انتِ عطشانة.

- Hast du Durst?   Are you thirsty?

لا أشرب القهوة، ولكني أحب شرب الشاي.

- Ich trinke keinen Kaffee, aber ich trinke gern Tee.
I don't drink coffee, but I like tea.

لا نحب السجق.

- Wir mögen keine Wurst.   We don't like cold meat.

أتريد/ أتريدين اللحم والخضرة؟

- Möchtest du Fleisch und Gemüse?   Would you like meat and vegetables?

هل تريدون أكل الكيك أحيانا في الإفطار؟

- Möchtet ihr zum Frühstück manchmal Kuchen essen?
Would you like to have some cake with your breakfast, sometimes?

كلا، أبداً.

- Nein, nie.   No, never.

هل أنتَ جائع/ أنتِ جائعة؟

- Haben Sie Hunger?   Are you hungry?

هل كثيراً ما تأكل/ تأكلين الرز والمعكرنة في العشاء؟

- Essen Sie zum Abendessen oft Reis oder Nudeln?
Do you often have rice or pasta with your evening meal?

كلا، نادراً.

- Nein, selten.   No, rarely.

Essen und Trinken

das Glas   die Wasserflasche

Schreiben Sie:

die Gabel _______________________   der Teller _______________________

das Messer _______________________   der Löffel _______________________

die Tasse _______________________   das Glas _______________________

das Wasser _______________________   die Flasche _______________________

Lebensmittel siehe Seite 34 bis 36:

Äpfel, Birnen, Brot, Brötchen, Butter, Chips, Eier, Erbsen, Fisch, Hackfleisch, Hähnchen, Joghurt, Kartoffeln, Käse, Kuchen, Marmelade, Nudeln, Orangen, Reis, Salat, Schokolade, Spaghetti, Tomaten, Wurst, Zucker, Zwiebeln.

Schreiben Sie einen Einkaufzettel. Was kaufen Sie ein?

____

____

Sie haben Hunger. Was möchten Sie essen?

____

Was essen Sie nicht gern?

____

Getränke: Bier, Kaffee, Milch, Tee, Wasser, Wein

Sie haben Durst. Was trinken Sie gern?

____

Hallo Marco, wie geht es dir?	مرحباً ماركو، كيف حالك؟ Hello Marco. How are you?
Danke, gut. Und dir?	جيد، شكراً، وأنت؟ Fine, thanks. And you?
Gut. Was machst du?	جيد. ماذا تفعل؟ Very well. What are you doing?
Ich lerne Deutsch. Ich mache Hausaufgaben.	أنا أتعلم ألماني. أنا أذاكر دروسي. I'm learning German. I'm doing my homework.
Was bist du von Beruf?	ما هي مهنتك؟ What's your job?
Ich bin Taxifahrer, Verkäufer, Lehrer, Arzt, Koch, Student, Bauarbeiter, Tischler.	أنا سائق تاكسي، بائع، معلم، I'm a taxi-driver, salesman, teacher, طبيب، طباخ، طالب جامعي، doctor, cook, student, بنّاء، نجّار. construction worker, carpenter.
Und was ist Anna von Beruf?	وما مهنة أنّا؟ And what does Anna do?
Sie ist Verkäuferin, Lehrerin, Ärztin, Köchin, Hausfrau, Sekretärin, Studentin.	هي بائعة، معلمة، طبيبة، She's a sales-woman, teacher, lady doctor, طباخة، ربة بيت، سكرتيرة، طالبة جامعية. cook, housewife, secretary, student.

السيد موللر يملك محلاً.

Herr Müller hat einen Laden.
Mr. Müller owns a shop.

يطلب البضاعة ثم يبيع البضاعة في المحل.

Er bestellt Waren und verkauft die Waren im Laden.
He orders things and sells the things in the shop.

يوفر خدماته للزبون من الأثنين إلى السبت.

Die Kunden bedient er von Montag bis Samstag.
He serves the customers from Monday till Saturday.

السيدة شولته موظفة مصرفية.

Frau Schulte ist Bankkauffrau.
Mrs. Schulte is a bank assistant.

إنها تعمل لدى الشباركاسه.

Sie arbeitet bei der Sparkasse.
She works at the Sparkasse.

هي تقدم الاستشارة للزبون وتصرف النقود.

Sie berät die Kunden und zahlt Geld aus.
She gives customers advice and pays money out.

عليها الإشراف على الخزينة.

Sie muss die Kasse kontrollieren.
She has to check the cash desk.

على الزبون أن يوقع تحويلاً.

Der Kunde muss eine Überweisung unterschreiben.
The customer has to sign a bank transfer.

تساعد السيدة شولته في حال وجود الصعوبات مع الاستمارات.

Bei Problemen mit Formularen hilft Frau Schulte.
Mrs. Schulte helps with problems with forms.

تفتح الشباركاسه الساعة الثامنة صباحاً وتغلق الساعة الخامسة مساءً.

Die Sparkasse öffnet um 8 Uhr und schließt um 17 Uhr.
The bank opens at 8am and closes at 5pm.

- السيدة ماير سكرتيرة لدى الجامعة الشعبية.

- **Frau Meier ist Sekretärin bei der Volkshochschule.**
  Mrs. Meier is a secretary at the adult-education college (VHS).

- إنها تستلم التسجيلات لدروس اللغة الألمانية.

- **Sie nimmt die Anmeldungen für die Deutschkurse an.**
  She accepts the German course registrations.

- كثير من المشاركين لا يتقنون اللغة الألمانية بصورة جيدة بعد.

- **Viele Teilnehmer können noch nicht gut Deutsch sprechen.**
  Many people on the course can't speak German well, yet.

- عليها دائما أن تتكلم ببطء.

- **Sie muss immer sehr langsam sprechen.**   She has to speak always very slowly.

- أتستطيع أن تشرح / أتستطيعين أن تشرحي لي الاستمارة؟

- **Können Sie mir das Formular erklären?**   Can you explain the form to me.

- لدي موعد قبل الظهر لدى المدير.

- **Ich habe am Vormittag einen Termin beim Chef.**
  I've got a meeting with the boss in the morning.

- في استراحة الظهر أذهب لأتناول الطعام مع زميلاتي.

- **In der Mittagspause gehe ich mit meinen Kolleginnen essen.**
  During the lunchbreak I go for something to eat with my workmates.

- بعد الظهر لدي موعد عند الدكتور.

- **Am Nachmittag habe ich einen Termin beim Arzt.**
  I've got an appointment at the Doctor's in the afternoon.

- ثم أذهب من الدكتور إلى البريد.

- **Dann gehe ich vom Arzt zur Post.**   Then I'm going from the Doctor's to the Post Office.

- حياتي شيقة.
- **Mein Leben ist interessant.** — I lead an interesting life.
- الساعة السابعة والنصف صباحاً أخرج مع الأولاد من البيت.
- **Um 7.30 Uhr gehe ich mit den Kindern aus dem Haus.**
  At 7.30 I leave home with the children.
- أوصل الأولاد إلى المدرسة.
- **Ich bringe die Kinder zur Schule.** — I take the children to school.
- الساعة الثامنة لديّ موعد عند الحلاق.
- **Um 8 Uhr habe ich einen Termin beim Friseur.**
  At 8 o'clock I've got an appointment at the hairdresser's.
- بعد الحلاق أذهب إلى السوبرماركت.
- **Nach dem Friseur fahre ich zum Supermarkt.**
  After the hairdresser's I'm going to the supermarket.
- ثم أطبخ وأنظف الشقة.
- **Dann koche ich und putze die Wohnung.** — Then I'll do the cooking and clean the flat.
- بعد الظهر أذهب إلى درس اللغة الألمانية في الجامعة الشعبية.
- **Am Nachmittag gehe ich zum Deutschkurs in die Volkshochschule.**
  In the afternoon I'm going to the German course in the VHS.

- ماذا تريد أن تعرف/ تريدين أن تعرفين؟
- **Was wollen Sie wissen?** — What would you like to know?
- أتريد/ أتريدين الدراسة أم العمل في المكتب؟
- **Willst du studieren oder im Büro arbeiten?** — Do you want to study or work in an office?
- هل تعملون في الخارج أم في الداخل؟
- **Arbeitet ihr draußen oder drinnen?** — Do you work outdoors or indoors.
- هل عليك إجراء اتصالات هاتفية كثيرة؟
- **Müssen Sie viel telefonieren?** — Do you have to use the telephone much?
- كلا، ولكن يجب أن أسافر كثيراً.
- **Nein, ich muss aber viel reisen.** — No, but I have to travel a lot.
- أتذهب/ أتذهبين إلى العمل أم عندكَ/ عندكِ إجازة؟
- **Gehst du zur Arbeit oder hast du Urlaub?** — Are you working or are you on holiday?

Der Körper

der Kopf, die Köpfe
die Haare
das Auge, die Augen
das Ohr, die Ohren
die Nase, die Nasen
der Mund
der Hals
die Schulter
die Brust
der Arm, die Arme
der Bauch
die Hand, die Hände
der Finger, die Finger
das Bein, die Beine
das Knie, die Knie
der Fuß, die Füße

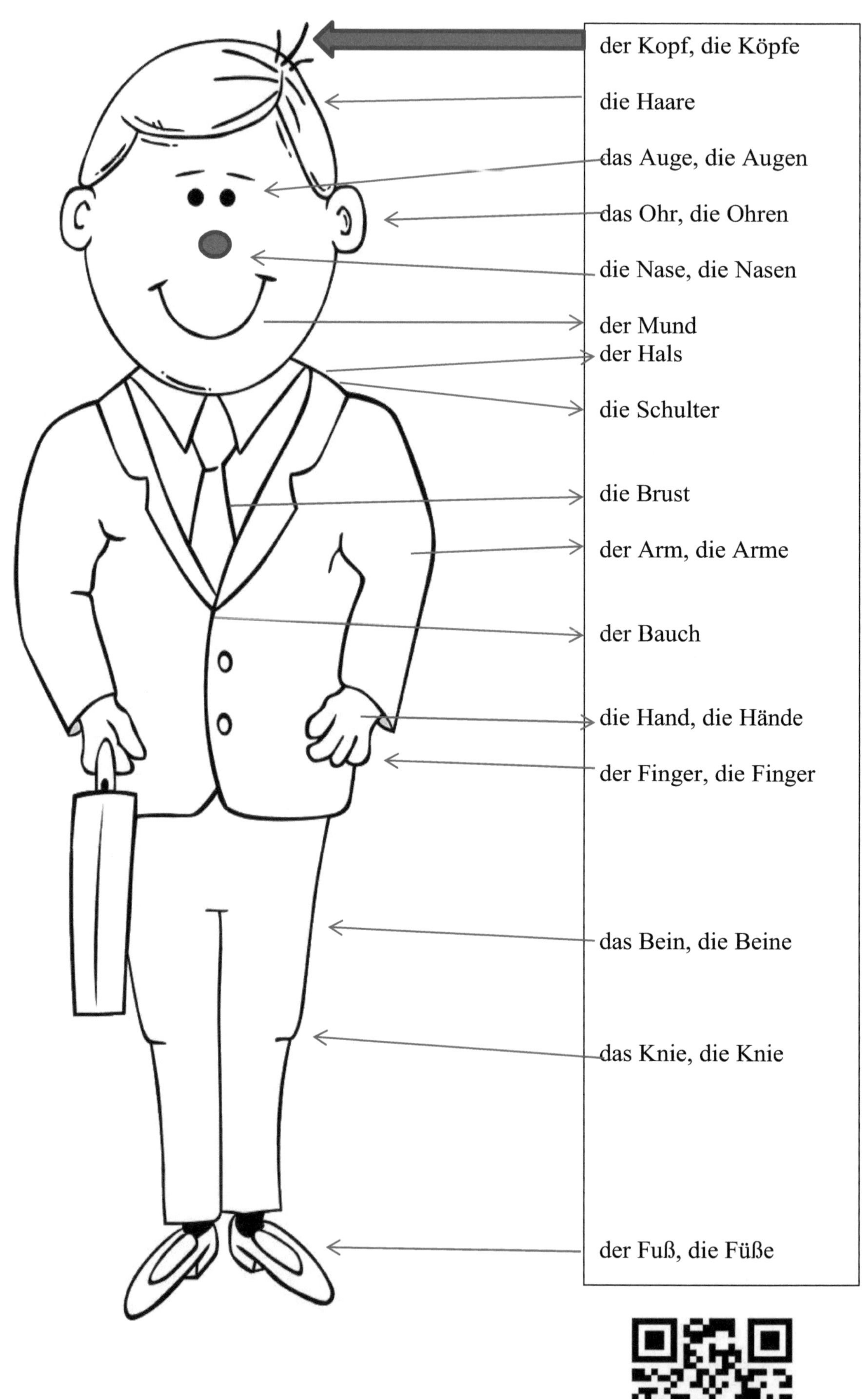

Krankheiten

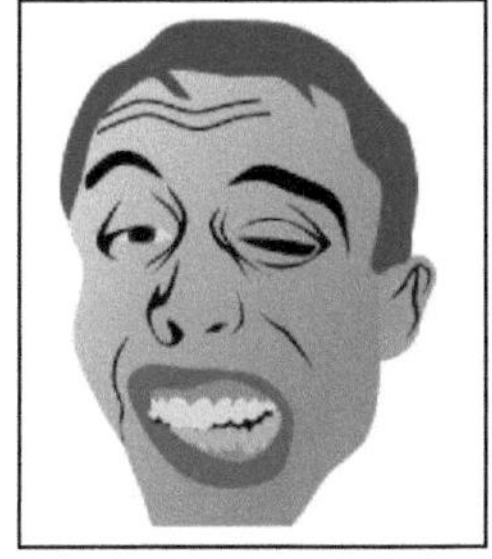

Kopfschmerzen

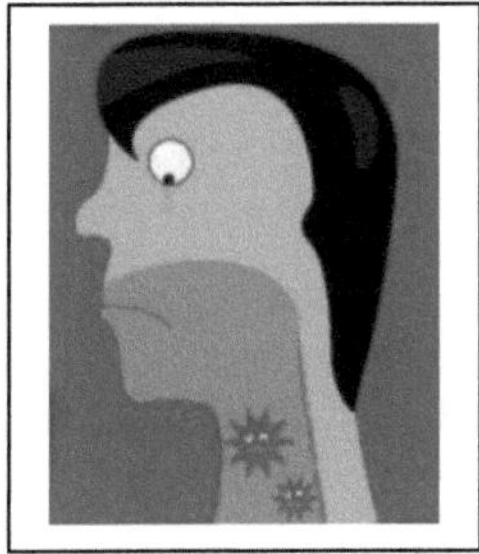

Halsschmerzen

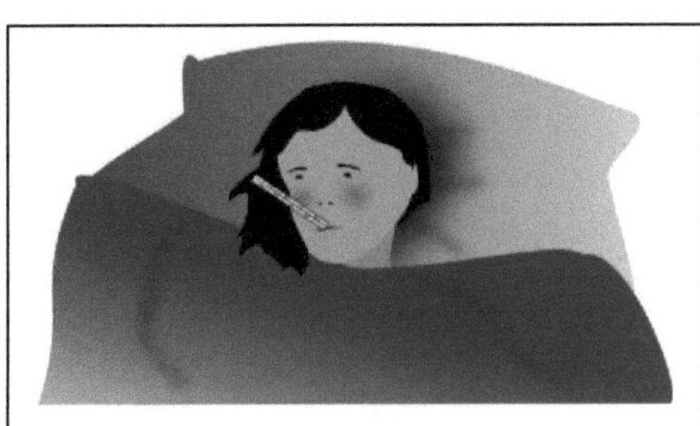

Fieber

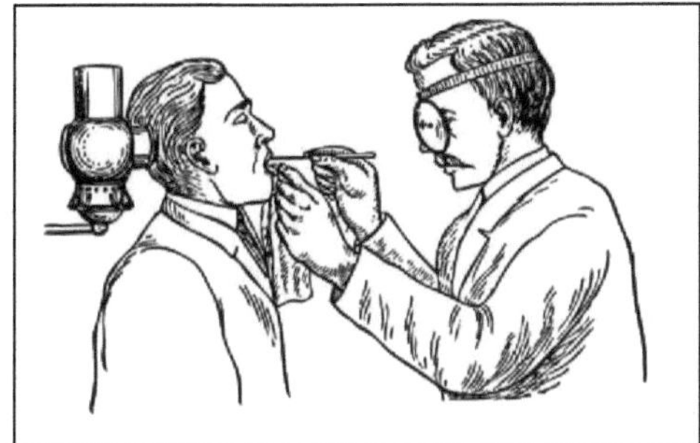

Zahnschmerzen

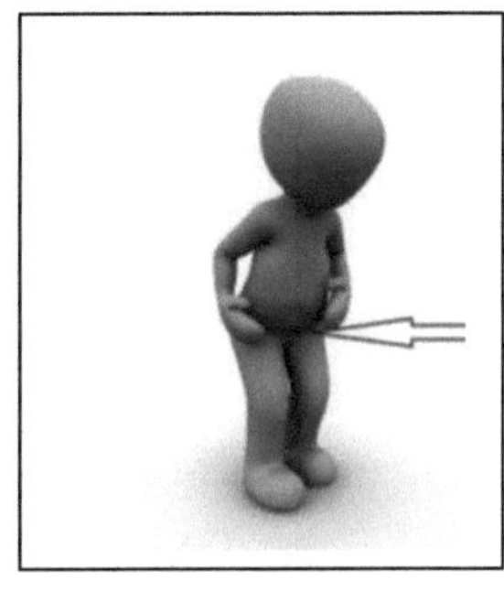

Bauchschmerzen

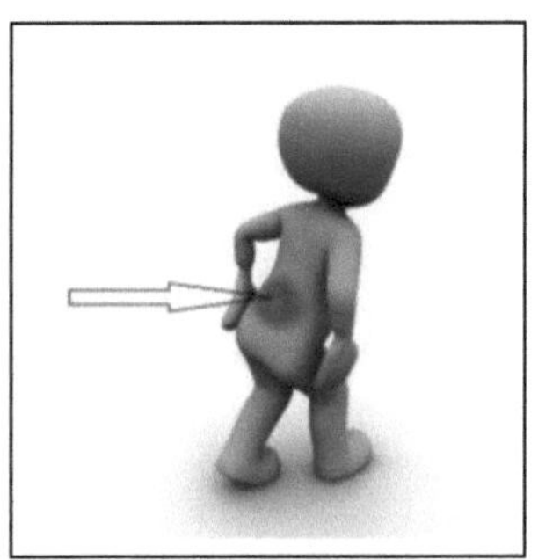

Rückenschmerzen

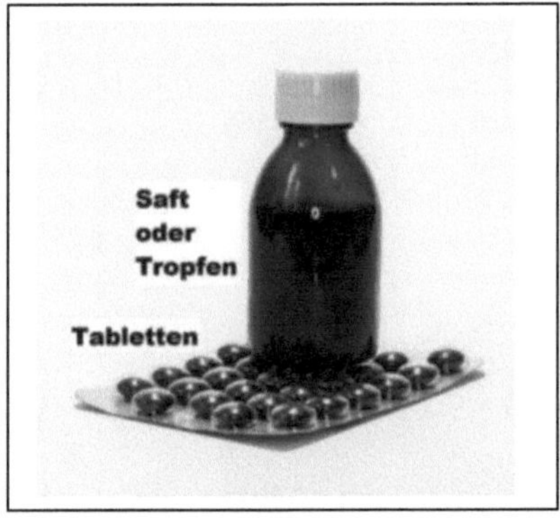

Tabletten, Saft oder Tropfen

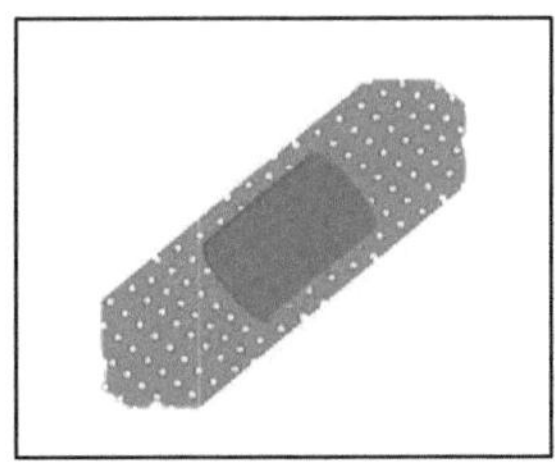

das Pflaster

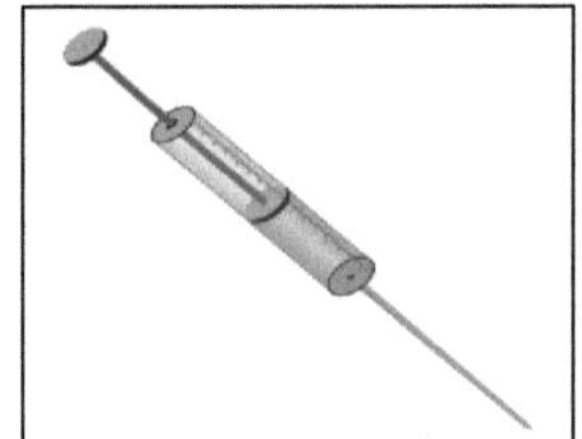

die Spritze

- Ich habe Kopfschmerzen. Haben Sie eine Tablette?
- Ich habe Fieber. Ich muss im Bett liegen.
- Ich habe Zahnschmerzen. Ich muss zum Arzt.
- Ich habe Rückenschmerzen. Ich möchte zum Arzt. Der Arzt gibt mir eine Spritze.

Beim Arzt

- Guten Tag! Was fehlt Ihnen?
- Mir geht es nicht gut. Ich bin krank. Ich habe Fieber und Halsschmerzen.
- Wie lange haben Sie schon Fieber und Halsschmerzen?
- Seit einer Woche.
- Nehmen Sie 5 Tropfen dreimal am Tag, 2 Löffel Saft
  und 1 Tablette morgens und abends.

Kleidung

der Rock, die Röcke

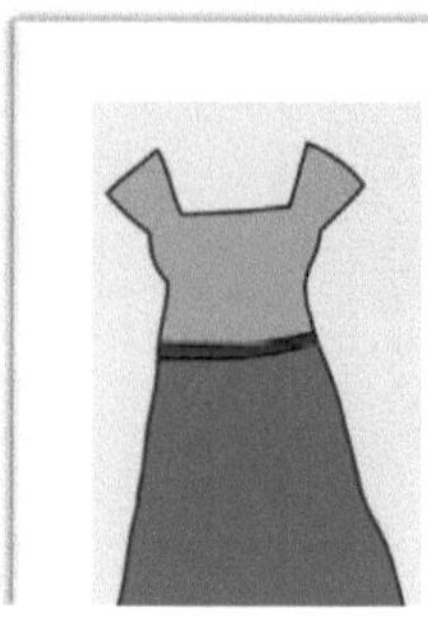

das Kleid, die Kleider

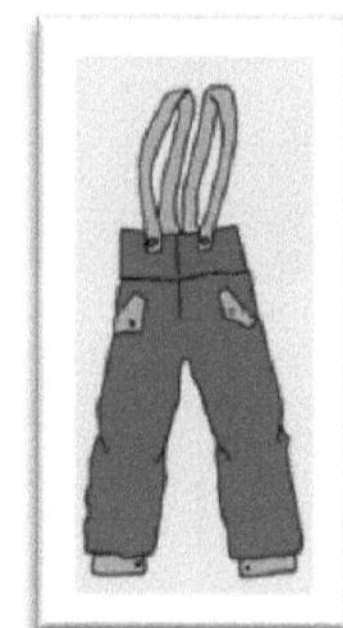

die Hose, die Hosen

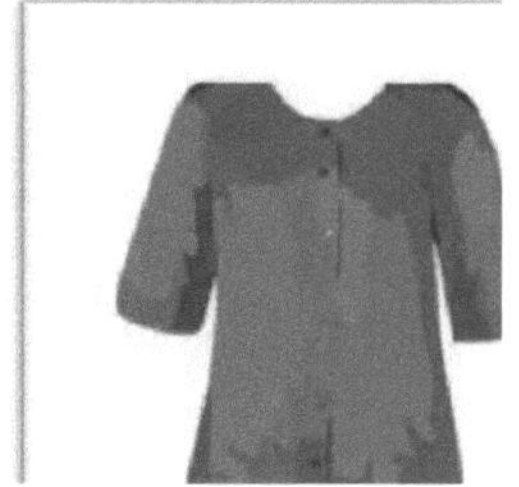

die Bluse, die Blusen

das T-Shirt, die T-Shirts

das Hemd, die Hemden

die Jacke, die Jacken

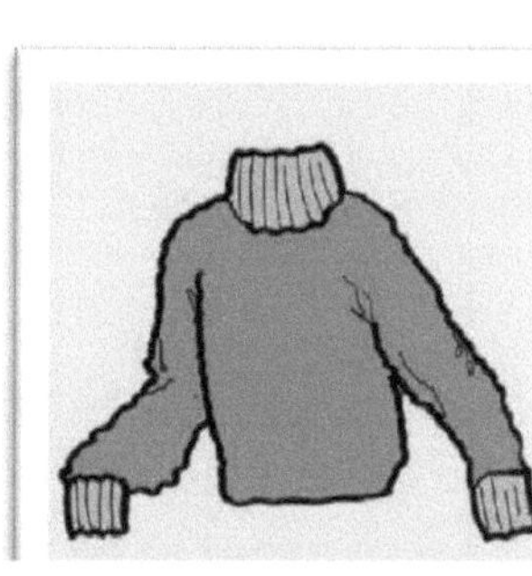

der Pullover, die Pullover

die Mütze

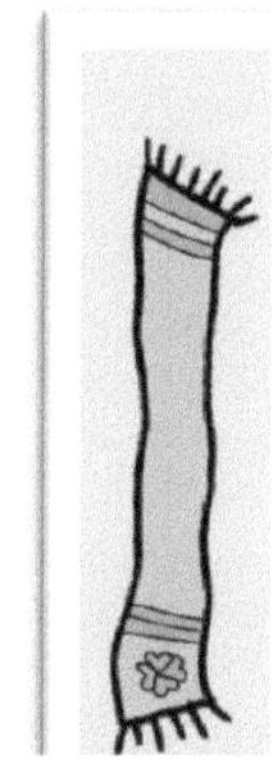

der Schal

der Schuh, die Schuhe

schön, toll, neu, alt, teuer, hässlich, klein, groß, weiß, rot

Schreiben Sie:

Meine Schuhe sind _______________________________

Mein Pullover ist_______________________________

Meine Jacke ist _______________________________

Meine Hose ist_______________________________

Mein Hemd ist_______________________________

Stadtplan, Wegbeschreibung

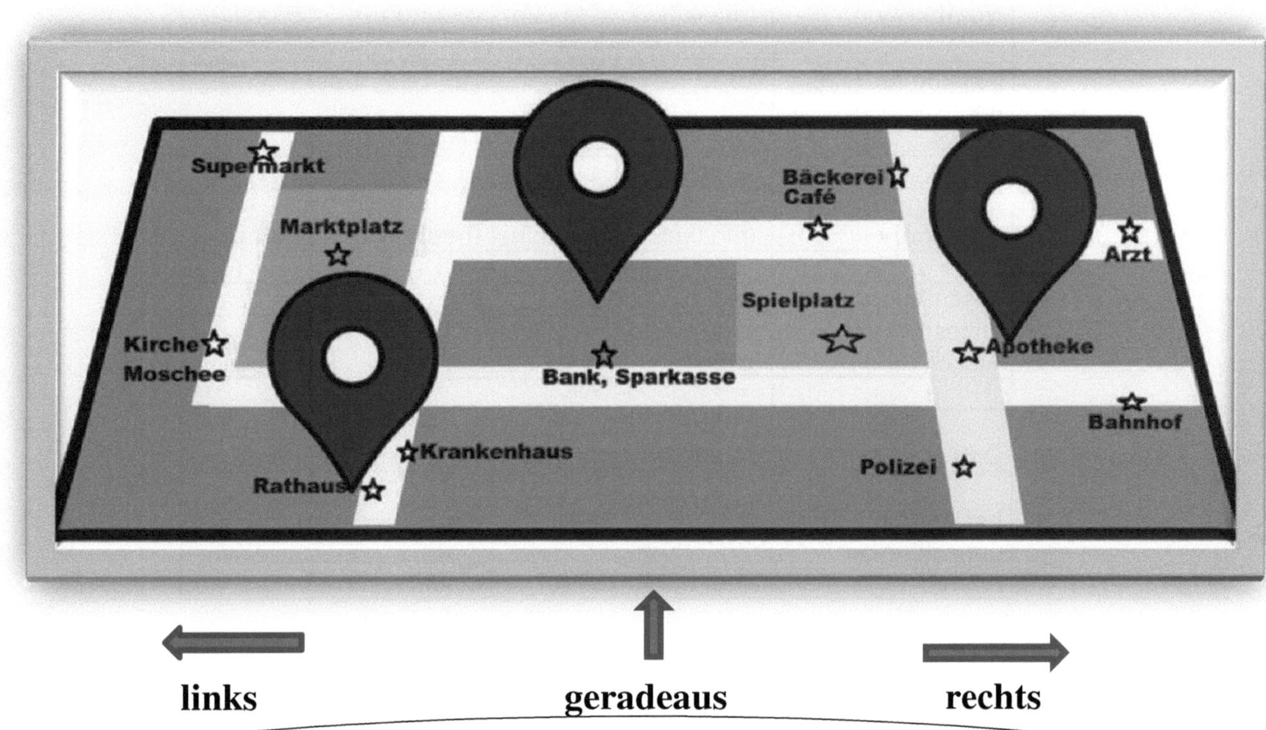

links **geradeaus** **rechts**

das Krankenhaus, das Rathaus, die Kirche/Moschee, der Supermarkt, der Marktplatz, die Bäckerei, die Bank/Sparkasse, der Spielplatz, das Café, der Arzt, die Apotheke, der Bahnhof, die Polizei

1. Vom Bahnhof zur Polizei: geradeaus, dann links
2. Vom Rathaus zur Bank: geradeaus, dann rechts
3. Vom Arzt zur Apotheke geradeaus, dann links

Entschuldigung. Wo ist der Supermarkt? Gehen Sie geradeaus und dann rechts. Danke!
Entschuldigung. Wo ist das Krankenhaus? Gehen Sie geradeaus und dann links. Danke!

Schreiben Sie:

Ent____________________. __________ ____________ der Marktplatz?

Ent____________________. __________ ____________ der Spielplatz?

Von der Polizei zum Krankenhaus: geradeaus, dann____________, dann ______________.

Vom Marktplatz zum Arzt: ______________________________________

Vom Arzt zum Supermarkt: geradeaus, dann ____________, dann__________, dann ____________

Vom Café zum Rathaus: ____________, dann ______________.

Kurzgrammatik

Die Artikel

Nominativ	m (maskulin)	f (feminin)	n (neutrum)	Plural
bestimmter Artikel	der	die	das	die
unbestimmter Artikel	ein	eine	ein	-----

Akkusativ	m (maskulin)	f (feminin)	n (neutrum)	Plural
bestimmter Artikel	den	die	das	die
unbestimmter Artikel	einen	eine	ein	-----

Dativ	m (maskulin)	f (feminin)	n (neutrum)	Plural
bestimmter Artikel	dem	der	dem	den
unbestimmter Artikel	einem	einer	einem	-----

Die Possessivartikel

Nominativ	m (maskulin)	f (feminin)	n (neutrum)	Plural
ich	mein	meine	mein	meine
du	dein	deine	dein	deine
er/es	sein	seine	sein	seine
sie	ihr	ihre	ihr	ihre
wir	unser	unsere	unser	unsere
ihr	euer	eure	euer	eure
sie/Sie	ihr/Ihr	ihre/Ihre	ihr/Ihr	ihre/Ihre

Akkusativ	m (maskulin)	f (feminin)	n (neutrum)	Plural
ich	meinen	meine	mein	meine
du	deinen	deine	dein	deine
er/es	seinen	seine	sein	seine
sie	ihren	ihre	ihr	ihre
wir	unseren	unsere	unser	unsere
ihr	euren	eure	euer	eure
sie/Sie	ihren/Ihren	ihre/Ihre	ihr/Ihr	ihre/Ihre

Dativ	m (maskulin)	f (feminin)	n (neutrum)	Plural
ich	meinem	meiner	meinem	meinen
du	deinem	deiner	deinem	deinen
er/es	seinem	seiner	seinem	seinen
sie	ihrem	ihrer	ihrem	ihren
wir	unserem	unserer	unserem	unseren
ihr	eurem	eurer	eurem	euren
sie/Sie	ihrem/Ihrem	ihrer/Ihrer	ihrem/Ihrem	ihren/Ihren

Pluralbildung der Nomen		
	Singular	**Plural**
unverändert	der Lehrer	die Lehrer
+ n	die Lampe	die Lampe**n**
+ e	der Tisch	die Tisch**e**
+ s	das Handy	die Handy**s**
+ nen	die Lehrerin	die Lehrerin**nen**
Umlaut(ä,ö,ü) +er	das Wort	die W**ör**ter
Umlaut(ä,ö,ü) +e	der Stuhl	die St**üh**le
+ er	das Kind	die Kind**er**
+ en	die Zahl	die Zahl**en**

Regelmäßige Verben				
Infinitiv	kommen	wohnen	heißen	trinken
ich	komme	wohne	heiße	trinke
du	kommst	wohnst	heißt	trinkst
er/es/sie	kommt	wohnt	heißt	trinkt
wir	kommen	wohnen	heißen	trinken
ihr	kommt	wohnt	heißt	trinkt
sie/Sie	kommen	wohnen	heißen	trinken

Verben mit Vokalwechsel				
	e > ie	*a > ä*	*e > i*	*e > i*
Infinitiv	sehen	schlafen	essen	geben
ich	sehe	schlafe	esse	gebe
du	siehst	schläfst	isst	gibst
er/es/sie	sieht	schläft	isst	gibt
wir	sehen	schlafen	essen	geben
ihr	seht	schlaft	esst	gebt
sie/Sie	sehen	schlafen	essen	geben

Hilfsverben "sein" und "haben"				
Infinitiv	sein	Präteritum	haben	Präteritum
ich	bin	war	habe	hatte
du	bist	warst	hast	hattest
er/es/sie	ist	war	hat	hatte
wir	sind	waren	haben	hatten
ihr	seid	wart	habt	hattet
sie/Sie	sind	waren	haben	hatten

Modalverben				
Infinitiv	möchten	können	müssen	wollen
ich	möchte	kann	muss	will
du	möchtest	kannst	musst	willst
er/es/sie	möchte	kann	muss	will
wir	möchten	können	müssen	wollen
ihr	möchtet	könnt	müsst	wollt
sie/Sie	möchten	können	müssen	wollen

Imperativ			
Infinitiv	**Du-Form**	**Ihr-Form**	**Sie-Form**
nehmen	nimm!	nehmt!	nehmen Sie!
trinken	trink!	trinkt!	trinken Sie!
sprechen	sprich!	sprecht!	sprechen Sie!
sein	sei!	seid!	seien Sie!
gehen	geh!	geht!	gehen Sie!

Einige unregelmäßige Verben	
Infinitiv	**3. Person Singular (er, sie, es, man)**
anfangen	**fängt an**
dürfen	**darf**
essen	**isst**
fahren	**fährt**
geben	**gibt**
haben	**hat**
können	**kann**
lesen	**liest**
mögen	**mag**
müssen	**muss**
nehmen	**nimmt**
schlafen	**schläft**
sehen	**sieht**
sprechen	**spricht**
treffen	**trifft**
wissen	**weiß**
wollen	**will**

Präpositionen mit Dativ		
Das Buch liegt	**vor, neben**	dem Bett.
	unter, zwischen	den Zeitungen.
	hinter, auf	dem Sofa.
	in	in dem (= im) Schrank.
	an	an dem (= am) Computer.
	bei	bei dem (= beim) Friseur.
Die Frau geht	**zu**	dem (= zum) Arzt.
Der Mann kommt	**von**	dem (= vom) VHS-Kurs.
Die Kinder kommen	**aus**	dem Haus.
Wir spielen	**nach**	dem Essen.
Ihr fahrt	**mit**	dem Bus in die Stadt.

Zeit-Präpositionen: bis, um, von.... bis	
Zeitpunkt:	Der Zug fährt um 20 Uhr.
	Der Kurs dauert bis 12 Uhr.
Zeitdauer:	Der Film läuft von 20 bis 22 Uhr.
	Ich gehe von 9 bis 11 Uhr zur VHS.

Aussagesatz	Position 2	
Ihr	fahrt	nach Köln.
Du	heißt	Maria.
München	liegt	in Deutschland.
Das Haus	ist	groß.

Satzfragen	Position 2	
	Fahrt	ihr nach Köln?
	Heißt	Du Maria?
	Liegt	München in Deutschland?
	Ist	das Haus groß?

W-Fragen	Position 2	
Wie	heißen	Sie?
Was	trinkst	du?
Woher	kommt	ihr?
Wer	lernt	Deutsch?
Wann	arbeitest	du?

Kurzer Ausblick

Futur I:

Ich	werde	in Dortmund	arbeiten.
Subjekt	*„werden"*	*Objekt*	*Infinitiv*
Wir	werden	in Köln	wohnen
Herr Meier	wird	Brot	kaufen.
Du	wirst	am Sonntag	kochen.
Ihr	werdet	Hausaufgaben	machen.
Die Kinder	werden	Musik	hören.

sein – werden	
ich	*werde*
du	*wirst*
er,sie,es	*wird*
wir	*werden*
ihr	*werdet*
sie	*werden*

Perfekt (mit „haben") der regelmäßigen Verben mit „ge – Stamm – t":

Herr Meier	hat	Brot	gekauft.
Subjekt	*„haben"*	*Objekt*	*„ge" –(Stamm:)"kauf" – „t".*
Du	hast	Sonntag	gekocht.
Wir	haben	in Köln	gewohnt.
Ihr	habt	Hausaufgaben	gemacht.
Ich	habe	in Dortmund	gearbeitet.
Die Kinder	haben	Musik	gehört.

kaufen - gekauft
kochen -gekocht
wohnen - gewohnt
machen – gemacht
arbeiten – gearbeitet
hören - gehört

A	B	C	D
E	F	G	H
I	J	K	L
M	N	O	P
Q	R	S	T
U	V	W	X
Y	Z	Ä	Ö	Ü

a	b	c	d
e	f	g	h
i	j	k	l
m	n	o	p
q	r	s	t
u	v	w	x
y	z	ä	ö
ü			ß

Polizei, die, 43
Possessivartikel, 24, 44
Post, die, 38
Postleitzahl, die, 14
Preis, der, 33
Problem, das, 37
Pullover, der, 42
putzen, 39
R
Rathaus, das, 43
Rechnung, die 15
rechts, 22, 43
Regal, das, 17
Reis, der, 34
reisen, 39
reparieren, 31
richtig, 13
Rock, der, 42
rosa und rot, 21
Rückenschmerzen, die, 41
ruhig, 23
ruhig, 23
S
Saft, der, 41
Salat, der, 33
Samstag, der, 26, 31
Schal, der, 42
schlafen, 45, 46
Schlafzimmer, das, 17
schließen, 37
schön, 18
Schrank, der, 17
Schreibtisch, der, 18
Schuh, der, 42
Schule, die, 39
Schulter, die, 40
schwarz, 21
Schwester, die, 25
schwimmen, 26
sehen, 25, 45, 46
Sehenswürdigkeit, die, 25
sehr, 38
sein, 9, 16
Sekretärin, die, 36
selten, 34
Sessel, der, 17
Singular, 19
Sofa, das, 17
Sohn, der, 24, 25
Sonntag, der, 25, 26, 30
spät, 27
Spaghetti, die, 32
Sparkasse, die, 15, 37
spielen, 26

Spielplatz, der, 43
sprechen, 8, 38, 46
Spritze, die, 41
Spüle, die, 17
Spülmaschine, die, 18
Stadt, die, 14
Stadtplan, der, 43
Stock, der (Wohnung), 22
Straße, die, 14
Straßenfest, das, 31
Stück, das, 32
Student, der, 36
Studentin, die, 36
studieren, 39
Stuhl, der, 17
suchen, 23
Supermarkt, der, 33
surfen, 26
T
Tablette, die, 41
Tafel Schokolade, die, 34
Tafel, die, 19
Tag, der, 3, 26
täglich, 33
Tante, die, 25, 29
tanzen, 26
Tasche, die 19
Tasse, die, 35
Taxifahrer, der, 36
Tee, der, 34
Teilnehmer, der, 38
Telefon, das, 14
telefonieren, 39
Telefonnummer, die, 14
Teller, der, 35
Teppich, der, 17
Termin, der, 38
teuer, 33
Tisch, der, 19
Tischler, der, 36
Tochter, die, 24, 25
toll, 21
Tomate, die, 33
treffen, 25, 46
trinken, 34, 45
Tropfen, die, 41
T-Shirt, das, 42
Tüte, die, 34
U
überweisen, 1
Überweisung, die, 37
Uhrzeit, die, 26, 29
um, 37
unten, 22

unterschreiben, 37
Urlaub, der, 39
V
Vater, der, 24
Vergangenheit(sein, haben),
29
verkaufen, 37
Verkäufer, der, 36
Verkäuferin, die, 36
Verwandte, 24
viel, 29
Volkshochschule (VHS),
die, 38
Vormittag, der, 26
W
Wand, die, 21
wandern, 26
wann, 28
Waren, die, 37
warm, 23
Warmmiete, die, 23
was, 9
Waschbecken, das, 17
Waschmaschine, die, 18
Wasser, das, 35
Wegbeschreibung, die, 43
Wein, der, 32
weiß, 21
wer, 5
wie, 3
wissen wollen, 39
wissen, 46
wo, 8
Woche, die, 26
Wochenende, das, 30
woher, 6
wohnen, 10, 45
Wohnung, die 17
Wohnzimmer, das, 17
wollen, 46
Wunsch, der, 32
Wurst, die, 34
Z
Zahl, die, 12, 13, 20
Zahnschmerzen, die, 41
Zeit, die, 30
Zentralheizung, die, 22
Zimmer, das, 23
Zucker, der, 34
zuerst, 31
Zug, der, 28
zusammen, 26
Zwiebel, die, 33